Kohlhammer

Der Autor und die Autorin

David Scheer, wissenschaftlicher Mitarbeiter an der Universität Paderborn, AG Sonderpädagogische Förderung und Inklusion: Förderschwerpunkt Emotionale und Soziale Entwicklung, hat als Förderschullehrer bereits an mehreren Schulen mit dem Auftrag der Inklusion gearbeitet. In seinem Dissertationsprojekt (angegliedert an die GeSchwind-Projekte »Gelingensbedingungen des gemeinsamen Unterrichts an Schwerpunktschulen in Rheinland-Pfalz«) untersucht er die Rolle der Schulleitung für die inklusive Schulentwicklung. Weitere Arbeits- und Forschungsschwerpunkte sind Einstellungen und Selbstwirksamkeitserwartungen (angehender) Lehrkräfte sowie Diagnose und Förderung bei Auffälligkeiten in der emotionalen und sozialen Entwicklung.

Prof. Dr. Désirée Laubenstein, Professorin an der Universität Paderborn, leitet die AG Sonderpädagogische Förderung und Inklusion: Förderschwerpunkt Emotionale und Soziale Entwicklung. Im Rahmen der GeSchwind-Projekte (»Gelingensbedingungen des gemeinsamen Unterrichts an Schwerpunktschulen in Rheinland-Pfalz«) arbeitet sie zu Fragen der Inklusion und inklusiven Schulentwicklung. Weitere Arbeits- und Forschungsschwerpunkte sind die Entwicklung eines Beratungsprofils im Rahmen professioneller Lehrer/innen(aus)bildung und -weiterbildung, Macht- und Gewaltdiskurse in (sonder-)pädagogischen Beziehungen, Umgang mit herausforderndem Verhalten sowie Transitionsprozesse im Übergang Schule-Beruf.

David Scheer,
Désirée Laubenstein

Schulische Inklusion entwickeln

Arbeitshilfe für Schulleitungen

Verlag W. Kohlhammer

1. Auflage 2018

Gesamtherstellung: W. Kohlhammer GmbH, Stuttgart

Print:
ISBN 978-3-17-032419-0

E-Book-Formate:
pdf: ISBN 978-3-17-032420-6
epub: ISBN 978-3-17- 032421-3
mobi: ISBN 978-3-17-032422-0

Vorwort zur Reihe *Inklusion praktisch*

Inklusion ist nicht nur eine der schönsten pädagogischen Visionen überhaupt, sondern auch eine gesellschaftliche Vorstellung, die vor allem auf humanistischen Werten und Normen beruht. Im Vordergrund stehen Begriffe wie Gleichheit, Gerechtigkeit, Selbstwert, Teilhabe und Partizipation.

Aktion Mensch hat im Rahmen ihrer Inklusionskampagne 2013 einen kurzen Animationsfilm mit dem Titel *Inklusion ist ...* entworfen, der aufzeigt, mit welchen Hoffnungen der Begriff verbunden ist.

> Inklusion ist ...
>
> ... wenn alle mitmachen dürfen.
> ... wenn keiner mehr draußen bleiben muss.
> ... wenn Unterschiedlichkeit zum Ziel führt.
> ... wenn Nebeneinander zum Miteinander und Ausnahmen zur Regel werden.
> ... wenn anders sein normal ist.

Anders ausgedrückt: Bei *Inklusion* geht es also darum, die auf der gesetzlich-strukturellen Ebene formulierten Bestimmungen im täglichen Zusammenleben in den verschiedenen gesellschaftlichen Bereichen sichtbar und wirksam werden zu lassen.

Inklusion ist Utopie, Weg, Wertbegriff, Methode und Zielvorstellung zugleich und weckt vielfältige Wünsche und Hoffnung auf Veränderungen und gesellschaftliche Entwicklung. Dabei beschränkt sich Inklusion keinesfalls auf Schule. Dies verdeutlicht auch der Nationale Aktionsplan der Bundesregierung zur Inklusion, der Bildung als eines von zwölf verschiedenen Handlungsfeldern (u. a. Arbeit und Beschäftigung, Bauen und Wohnen oder Kultur und Freizeit) behandelt.

Viele Autoren verbinden mit Inklusion weitreichende Vorstellungen und Hoffnungen, die sich auf verschiedenen Ebenen lokalisieren lassen.

Auf *gesellschaftlicher Ebene* ist das Ziel eine solidarische und sozial gerechte, diskriminierungs- und barrierefreie Gesellschaft ohne Ausgrenzung, die Diversität als Normalität ansieht. Chancengerechtigkeit für Menschen mit Behinderung soll unter anderem ermöglicht werden, indem keine Unterscheidungen zwischen behinderten und nicht behinderten Menschen vorgenommen werden und Behinderung als Zuschreibung und Kategorisierung erkannt wird.

Innerhalb des Bildungssystems soll eine chancen- und bildungsgerechte und weniger selektionsorientierte Schule für ausnahmslos alle Schüler entstehen. Inklusiver Unterricht ist kultur-, sprach- und gendersensibel und begreift Heterogenität nicht als Belastung, sondern als Chance und Bereicherung.

Personenbezogen steht Inklusion für den Versuch, Abhängigkeiten und Barrieren zu reduzieren und so u. a. Teilhabe und Partizipation und einen gleichberechtigten Zugang zum Arbeitsmarkt zu erreichen.

Dem geneigten Leser wird schnell deutlich, welch anspruchsvolle und zum Teil idealistische Vorstellungen an Inklusion herangetragen werden. Möglicherweise handelt es sich dabei sogar um eine Aufgabe, die eigentlich nicht zu erfüllen ist: Inklusion soll einen Umbruch, eine gesellschaftliche Transformation bzw. Emanzipation oder gar einen Neuanfang des menschlichen Zusammenlebens markieren, der in eine noch nie vorhandene Dimension vorzustoßen vermag und dabei die zahlreichen Verfehlungen in der Geschichte vergessen macht.

In der vor Ihnen liegenden Buchreihe geht es keinesfalls darum, Inklusion oder ihre Idee schlecht zu reden. Vielmehr soll vor überzogenen Ansprüchen gewarnt werden, an denen letztendlich jede große Idee scheitern muss. Zu diesem Zwecke erfolgt zunächst eine grundlegende Beschäftigung mit der Thematik, bevor die weiteren Bände konkrete schulische Felder der Inklusion beleuchten und Umsetzungshilfen für Förder- und Regelschullehrkräfte bereitstellen.

Wir hoffen, Sie als Leserinnen und Leser für eine Auseinandersetzung mit dem Themenfeld der Inklusion begeistern zu können und wünschen Ihnen eine abwechslungsreiche Lektüre!

Würzburg, im Dezember 2017
Prof. Dr. Stephan Ellinger und Dr. Traugott Böttinger

Einzelbände in der Reihe *Inklusion praktisch*

Band 1: Inklusion. Gesellschaftliche Leitidee und schulische Aufgabe
Band 2: Exklusion durch Inklusion? Stolpersteine bei der Umsetzung
Band 3: Sonderpädagogische Förderung in der Regelschule
Band 4: Schulische Inklusion entwickeln. Arbeitshilfe für Schulleitungen
Band 5: Kollegiale Kooperation in inklusiven Settings
Band 6: Umgang mit Lese-Rechtschreib-Schwierigkeiten in heterogenen Lerngruppen
Band 7: Konturen eines inklusiven Fachunterrichts Mathematik
Band 8: Teilhabe durch Grundbildung. Die Förderung Benachteiligter im Sekundarbereich I
Band 9: Schülerinnen und Schüler mit Lernbeeinträchtigungen
Band 10: Lehrergesundheit in inklusiven Settings

Vorwort zu diesem Band

Die Aufgaben in einer Zeit sich verändernder Schulstrukturen sind für alle Beteiligten mannigfaltig. Nicht nur die pädagogische Praxis, sondern auch die Wissenschaft sucht aktiv nach Antworten, um mit den sich ergebenden Herausforderungen umgehen bzw. Vorschläge sinnvoller Lösungen für die pädagogische Praxis liefern zu können. Dieses Unterfangen gestaltet sich als schwierig – oftmals auch als unseriös, wenn einzelnen Gruppen ein Handlungswissen suggeriert wird, das, ›richtig‹ angewandt, auch Wirkung zeigen muss.

Dieses Buch stellt den Versuch dar, gerade Personen, die eine Schule leiten, Möglichkeiten aufzuzeigen, wie sie mit diesen Aufgaben im Rahmen eines inklusiven Schulentwicklungsprozesses umgehen können – es ist also als eine Hilfe zur Gestaltung der täglichen (und auch zukünftigen) Aufgaben und als eine Anregung für den Umgang mit (zukünftigen) Herausforderung zu begreifen. Gleichzeitig möchte es nicht fertige Rezepte liefern, sondern Impulse für die eigene Selbstreflexion geben.

Aus unserer Erfahrung hat sich gezeigt, dass Prozesse inklusiver Schulentwicklung sich nicht grundsätzlich von jedem anderen Schulentwicklungsprozess unterscheiden, dass jedoch der Aspekt Inklusion prinzipielle Herausforderungen und ›Stolpersteine‹ im Schulentwicklungsprozess deutlich prägnanter sichtbar macht.

Eine ›inklusive‹ Schule zu leiten, heißt also zunächst, eine Schule zu leiten.

Allerdings ist uns bewusst, dass jede Schule ein individuelles System mit je eigenen Strukturen und Organisationsformen bildet, vor allem aber auch mit je individuellen Menschen an dieser Schule.

Obwohl wir also nicht glauben, dass es ein Patentrezept dafür gibt, wie ›gute‹ Leitung an Schule funktionieren kann, zeigen sich unserer Meinung nach aber praktische und durchaus konkrete

Möglichkeiten, wie Schulleitungshandeln zur Umsetzung einer inklusiven Schulentwicklung beitragen kann.

Hierfür müssen bestimmte ›Rahmen‹ beachtet werden, die sich unserer Ansicht nach gut aus einem organisationstheoretischen Modell von Leitungshandeln ableiten lassen. Im Sinne dieses Modells kommt sowohl der Perspektivfokussierung auf einzelne Rahmen (strukturell, human-resource, politisch und symbolisch), die wir Ihnen in den einzelnen Kapiteln erläutern, als auch dem Perspektivwechsel zwischen diesen verschiedenen organisationstheoretischen Sichtweisen ein zentraler Stellenwert zu.

Damit das Ganze nicht theoretisch-abstrakt bleibt, haben wir uns bemüht, immer wieder Beispiele für die Umsetzung unserer theoretischen und empirisch fundierten Bedingungen für erfolgreiches Schulleitungshandeln zu geben. Wir hoffen so, sinnvolle Arbeitshilfen anbieten zu können, die dann an die jeweils individuellen Begebenheiten vor Ort angepasst werden müssen, unserer Ansicht nach aber auch angepasst werden können.

Wir wünschen Ihnen viel Spaß beim Ausprobieren, beim Gestalten, beim Umstrukturieren und bei der Innovation an Ihrer Schule.

David Scheer und Désirée Laubenstein   Paderborn, im Januar 2018

Inhalt

1

Inklusive Schulentwicklung und Schulleitung: Überblick

Eine einfache Suchanfrage bei einem nicht näher benannten Buchhandelskonzern zeigt schnell: Die Fülle an Ratgeber-, Praxis- und Werkzeugkastenliteratur für Schulleitung ist nahezu unüberschaubar. Das Gleiche gilt, wenn man statt des Schlagworts Schulleitung Inklusion eingibt. In beiden Fällen wird man viele unterschiedliche Denkansätze finden (»Wertschätzende Schulleitung«, »Dialog als Führungsinstrument«, »Schulmanagement« etc. in der Schulleitungsliteratur oder »Jedes Kind wertschätzen«, »Sinnvolle Förderung«, »Inklusions-Illusion« etc. in der Literatur zu Inklusion). Manches wird einem seriöser vorkommen und manches weniger seriös. Doch welche Theorien sind in sich stimmig und tragfähig? Was wissen wir aus der Forschung zu Schulleitung? Zu Schulentwicklung? Zu Inklusion? Diese Fragen wird das erste Kapitel dieses Bandes in den Blick nehmen, womit wir nach einer inklusionsorientierten Schulentwicklung einsteigen werden.

1.1 Inklusion im Schulentwicklungsprozess

Gedanken zur Inklusion sind nicht neu, wurden jedoch seit den 1970er Jahren unter dem Begriff Integration behandelt, wobei auch dieser in seiner allgemein sozialen Bedeutung bereits auf »die Durchsetzung der uneingeschränkten Teilhabe und Teilnahme behinderter Menschen an allen gesellschaftlichen Prozessen« (Bundschuh et al. 2007, 136) zielt. Die Frage hingegen, wie Schule ihre Schülerinnen und Schüler zur Bildungsaneignung befähigen kann, ist wesentlich älter und zeigt sich in der Betrachtung der Historie (sonder-)pädagogischer Entwicklungslinien (vgl. hierzu z. B. Ellger-Rüttgardt 2007; Möckel 2007; Myschker/Stein 2014).

Was also ist neu?

Neu ist sicherlich der Gedanke, dass bei der derzeitigen Bildungsdiskussion nicht nur Kinder und Jugendliche mit sonderpädagogischem Förderbedarf (SFB) im Zentrum der Betrachtung stehen, sondern alle Kinder und Jugendlichen, die mit unterschiedlichen Lernvoraussetzungen aufgrund sozialer Herkunftsbedingungen, des kulturellen oder religiösen Kontextes, ihres Geschlechts oder behinderungs-/benachteiligungsbedingter Unterstützungsbedarfe ihre Schullaufbahn beginnen. Die Ambivalenz der Begriffsverständnisse von Integration im Sinne einer Wiedereinschließung bei vorherigem Ausschluss und Inklusion im Sinne eines gar nicht erst erfolgten Ausschlusses »mag damit im Zusammenhang stehen, dass in der Öffentlichkeit Inklusion zumeist mit der UN-Behindertenrechtskonvention (BRK) in Verbindung gebracht wird, obgleich diese ja lediglich festlegt, dass Menschen mit Behinderung im Kontext von Inklusion gleichberechtigt mitgedacht werde müssen« (Scheer et al. 2016, 242). Der pädagogische Auftrag der Inklusion fordert dazu auf, Schülerinnen und Schüler nicht mehr in Gruppen zu klassifizieren und diese separierend voneinander zu erziehen und zu bilden, sondern gemeinsam Bildungswege zu beschreiten. Gleichwohl handelt es sich hierbei nicht um eine reine Programmatik. Inklusion ist »als Herausforderung für bildungstheoretische Reflexion, didaktische Theoriebildung und empirische Forschung« (Musenberg/Riegert 2016, 7) zu verstehen. »Im Mittelpunkt schulischer Bemühungen um Inklusion steht die Frage, wie konzeptionelle Ansätze sowie Erziehungs- und Unterrichtspraktiken verbessert werden können, um Barrieren für das Lernen und die Teilhabe an Schule abzubauen« (Scheer et al. 2016, 246). Damit wächst der Blick auf die Heterogenität an Schulen, die in gewisser Weise schon immer bestand, heute jedoch im Zentrum pädagogischer Bemühungen steht und durch Schulgesetznovellen in den einzelnen Bundesländern, die die gemeinsame Unterrichtung aller Kinder und Jugendlichen hervorheben, unterstützt wird.

Die Umsetzung der Ratifizierung der UN-BRK durch die Bundesrepublik Deutschland seit 2009 erfordert damit neben konzeptionellen Schulentwicklungsprozessen auf der Mesoebene des bildungspolitischen Systems eine Umstrukturierung von Organisation- und Personalplanung auf der Mikroebene jeder einzelnen Schule. Die Frage nach den sogenannten »Gelingensbedingungen« für eine inklusive Schulentwicklung stellt sich aktuell vehement und fordert Akteure aus Wissenschaft und Praxis in den unterschiedlichen Bundesländern zu einer gemeinsamen Sondierung und kritischen Überprüfung bestehender Praktiken heraus, z. B. in Nordrhein-Westfalen durch die Projekte BiLieF (Bielefelder Längsschnittstudie zum Lernen in inklusiven und exklusiven Förderarrangements) und »Wissenschaftliche Begleitung im Rahmen der Umsetzung zur inklusiven Schule im Kreis Mettmann«, in Brandenburg durch PING (Pilotprojekt Inklusive Grundschule), in Bayern durch B!S (Begleitforschungsprojekt inklusive Schulentwicklung) oder in Rheinland-Pfalz durch die Forschungsprojekte GeSchwind (Gelingensbedingungen des gemeinsamen Unterrichts an Schwerpunktschulen in Rheinland-Pfalz) und GeSchwind Sek I (Gelingensbedingungen der inklusiven Schulentwicklung an Schwerpunktschulen der Sekundarstufe I in Rheinland-Pfalz).

Welches Zwischenresümee lässt sich bis zu diesem Zeitpunkt skizzieren?

Bei Einführung von Schulen des Gemeinsamen Lernens (NRW) resp. Schwerpunktschulen (RLP) oder Schulen mit dem Profil Inklusion (Bayern) legten weder die Landesregierungen noch die zuständigen Ministerien ein Rahmenkonzept für eine inklusive Schulentwicklung vor. »Der Prozess der inklusiven Schulentwicklung geht von der jeweiligen Schule als Entwicklungseinheit im Sinne der Eigenverantwortlichkeit bzw. Autonomie aus. Allgemeine Schulen stehen vor der Aufgabe, ein inklusives Profil zu entwickeln« (Heimlich et al. 2016, 131). Die Schulen soll(t)en demnach ein schuleigenes Konzept zu ihrer Umsetzung erarbeiten. »Schwerpunktschulen entwickeln ein schuleigenes Konzept zur individuellen Förderung eines jeden Kindes und Jugendlichen; dies ist Teil ihres Qualitätsprogramms« (Ministerium für Bildung Wissenschaft Jugend und Kultur [MBWJK] 2007, 5). Dies bot den Schulen auf der einen Seite die Chance, Visionen im Sinne einer ›Schule für alle‹ zu formulieren und Schritte in diese Richtung zu realisieren – wenn auch begrenzt durch zumeist limitierte personelle, räumliche und sächliche Ressourcen; gleichzeitig zeigen die Studien in den Bundesländern, dass Schulen mit der Entwicklung eines eigenen Profils ›Inklusion‹ überfordert sind, wenn noch keine Kultur der Vielfalt gelebt wird, d. h. Visionen erst grundlegend entwickelt werden müssen. Die inhaltlich-konzeptionelle Offenheit zeigt sich damit in einer ambivalenten Dichotomie, da sie einerseits Spielraum für die Entwicklung passgenauer Konzepte für die lokal vorhandenen individuellen Bedürfnisse an Schulen lässt, gleichwohl aber auch die Komplexität der Vorbereitungs- und

Entwicklungsprozesse in Richtung einer inklusiven Schule in einem Maße erhöht, die von einzelnen Beteiligten als überfordernd erlebt werden kann (vgl. Laubenstein et al. 2015, 97). Die Bundesländer reagier(t)en hierauf ganz unterschiedlich. So bot Rheinland-Pfalz den Schulen Orientierungen in Form von Handreichungen oder eines »Kompendium Schwerpunktschule«. Das Bundesland Bayern dagegen gründete 2010 einen wissenschaftlichen Beirat Inklusion, »der den Entwicklungsprozess hin zum inklusionsorientierten Unterricht und zur inklusiven Schule in Bayern begleitet und berät« und der »u. a. einen Leitfaden ›Profilbildung inklusiver Schule‹« entwickelte, »der im Schuljahr 2012/2013 vom Bayrischen Staatsministerium für Unterricht und Kultus an alle Schulen verteilt wurde« (Heimlich et al. 2016, 7).

Durch die Evaluationen inklusiver Schulentwicklungsprozesse erhoffen sich die Landesregierungen, explizit als Auftrag oder implizit im Sinne einer kooperativen Zusammenarbeit, Empfehlungen zur inklusiven Schulentwicklung im jeweils eigenen Land.
Für die Rolle von Schulleitung kann hierbei zunächst festgehalten werden:

> »Generell wird den Schulleitungen eine zentrale Funktion bei der Umsetzung des erweiterten pädagogischen Auftrags [gemeint ist hierbei die Unterrichtung von Schülerinnen und Schülern mit und ohne SFB, Anm. der Autoren] […] zugeschrieben. Sie seien es, die den Prozess initiieren und das Kollegium mitnehmen müssen; und ihnen komme die ganz entscheidende Aufgabe zu, durch Schulkonzepte und Maßnahmen der Unterrichtsentwicklung Strukturen für den gemeinsamen Unterricht zu legen. Diese Einschätzung deckt sich mit den wenigen, meist aus dem internationalen Raum stammenden, Forschungsergebnissen zur Funktion und zu den Aufgaben der Schulleitungen im Rahmen der inklusiven Schulentwicklung (vgl. Hillenbrand/Melzer/Hagen 2013; Scheer/Laubenstein/Lindmeier 2014).« (Laubenstein et al. 2015, 77)

Schulleitung soll, laut Ergebnissen aktuell beendeter Projekte (vgl. Heimlich et al. 2016, 146ff.), folgende Aufgaben übernehmen bzw. zeigt die Verantwortung für folgende Prozesse:

- kooperationsfreundliche Stundenpläne und Zeitfenster zur gemeinsamen Besprechung gestalten und so verlässliche Teamstrukturen sichern,
- Unterrichtsentwicklung durch alternative Formen der Leistungsbeurteilung anregen,
- einen schulinternen Austausch über alle Belange des Schullebens, des Unterrichts und bestehende Unterstützungsbedarfe ermöglichen und damit alle Personen umfassend über Aufgaben, Entwicklungen und Perspektiven informieren,
- das im Kollegium verfügbare Wissen, Fähigkeiten und bestehende oder neu anzuschaffende (Förder-)Materialien verfügbar machen,
- regelmäßige (auch gemeinsame) Fortbildungen unterstützen,
- eine kooperationsfördernde und -wertschätzende Schulkultur initiieren, in der sowohl alle Lehrkräfte und Professionen, Schülerinnen und Schüler, Eltern, aber auch mit der Schule kooperierende Partner und Institutionen aus dem Gesundheitswesen, dem Rehabilitationssystem, dem Pflegebereich, der Kinder- und Jugendhilfe sowie der Sozialhilfe willkommen sind.

> »Die zur Schulentwicklungsaufgabe der Inklusion passenden Haltungen sowie inhaltliche und strukturelle Veränderungen sollten in einem Schulkonzept beschrieben werden, für dessen Erstellung und Weiterentwicklung Schule und Elternhaus einbezogen werden. Für diese Aufgabe kommt der Schulleitung besondere Verantwortung zu.« (Heimlich et al. 2016, 148)

All diese Ergebnisse münden in der theoretischen Überlegung der sogenannten ›neuen Steuerung‹ im Schulsystem (vgl. Altrichter/Maag Merki 2016),[1] woran sich auch die im sonderpädagogischen

1 Der Begriff der ›Governance‹ will hierbei »das Zustandekommen, die Aufrechterhaltung und die Transformation sozialer Ordnung und sozialer Leistungen in einem sozialen System – in unserem Fall im Schulwesen – verstehen und erklären. Idealerweise lassen sich daraus Perspektiven für die Systemgestaltung entwickeln« (Altrichter/Maag Merki 2016, 14; Herv. i. O.). Konkret geht es damit um die praktische Umsetzung bildungspoli-

Diskurs kontrovers diskutierte Frage evidenzbasierter Praktiken im schulischen Kontext anschließt, oder in einer neuen Theorie der Schule, wie sie Fend (2008) vorgelegt hat und die zum Verstehen von Bildungssystemen beitragen soll.

1.2 Was wir über ›gute‹ Schulleitung wissen – oder besser: ahnen?

International wie auch national ist die Erforschung des Schulleiterberufs ein relativ neues Feld, was sich durchaus über die traditionelle Rolle des Head Teacher, der Lehrkraft mit Verwaltungsaufgaben, erklären lässt (vgl. Wissinger 2011). Gerade im deutschsprachigen Raum scheint die Rolle der Schulleitung von der täglichen Arbeit her nach wie vor stark durch Verwaltungstätigkeit geprägt zu sein (vgl. Wissinger 2011, 102). In einer schulartübergreifenden Untersuchung zum beruflichen Selbstverständnis von Schulleiterinnen und Schulleitern konnten zwar fünf »Typen« gebildet werden, die in der Stichprobe (861 befragte Schulleiterinnen und Schulleiter) relativ gleich verteilt waren (Warwas 2012, 229), jedoch weisen auch hier nahezu alle Typen einen relativ hohen Wert in der Kategorie »Primus inter Pares« auf. Zudem kommt der Typus »Pädagogische Führungskraft«, der Leadership besonders betont, am seltensten (134 Schulleiterinnen und Schulleiter) vor (Warwas 2012, 229f.). Von einem rein traditionellen Bild der Schulleitung als Lehrkraft mit Verwal-

tischer Vorgaben (hier z. B. um die Entwicklung eines inklusiven Schulsystems), die jedoch nicht durch eine oder wenige Personen determiniert, sondern in einem Aushandlungsprozess der beteiligten Akteure immer wieder neu konstruiert werden müssen. Somit treten nicht nur Strukturen, sondern ebenso die beteiligten Akteure in das Licht evaluativer Bemühungen und erfordern einen mehrperspektivischen Forschungsansatz.

tungsaufgaben kann also nicht mehr ausgegangen werden, zumal seitens der Dienstherren ein immer breiteres Spektrum an Qualitätsindikatoren für die Schulleitertätigkeit vorgegeben wird (für Rheinland-Pfalz sei hier beispielsweise auf den Orientierungsrahmen Schulqualität verwiesen: MBWJK 2009). Dass damit aber eine Anpassung der Rahmenbedingungen einhergeht, die deren Umsetzung ermöglicht, kann jedoch nicht festgehalten werden: Erstens sind Schulleiterstellen nicht als eigener Beruf konzipiert, sondern Teil der Lehrerlaufbahn mit einer gewissen Reduktion des Unterrichtsdeputats, und zweitens haben Schulleitungen im europäischen Raum nur in Frankreich eine höhere Unterrichtsverpflichtung als in Deutschland (Bonsen 2010b, 193). Das bedeutet aber auch, dass die nachfolgend dargestellten Befunde zu ›guter‹ Schulleitung immer unter dieser Einschränkung in den Rahmenbedingungen reflektiert werden müssen. Aussagen, die die Rolle der Schulleitung oder auch die Möglichkeiten der einzelnen Schule überbewerten, müssen vor ihrem schulsystemischen Hintergrund als unseriös zurückgewiesen werden.

Berücksichtigt man diese Restriktion, so ist es hilfreich, sich nach der Klärung der Abgrenzung von Führung und Management zunächst mit Modellen von (schulischer) Führung zu befassen, die sich direkt mit dem Verhalten der Führungskraft beschäftigen, um anschließend einige Forschungsbefunde zur Wirksamkeit schulischer Führung zu reflektieren.

1.2.1 Führung und Management

Wenn die Rede davon ist, dass das Schulleitungsamt die Führung und das Management der Schule umfasse, so verbirgt sich dahinter eine bestimmte Auffassung beider Begriffe. Die zugrundeliegenden Definitionen sind innerhalb der Literatur relativ identisch zu finden und verbinden Führung mit Veränderung und Management mit Stabilität, wobei beide Komponenten als notwendig gesehen werden. Dabei fokussiert Management eher die Verbesserung und Sicherung der bestehenden Abläufe, während Führung (Leadership) auf die Entwicklung von Zielen, Werten und Motivation sowie das Anstoßen von Veränderungen abzielt (nach Bolman/Deal 1994; Bush 2008; Cuban 1988; Dubs 2005).

Zusammenfassung: Führung und Management
Führung:
Führung zielt darauf ab, Veränderungen anzustoßen sowie Motivationen, Ziele und Handlungen Anderer zu formen und zu beeinflussen. Damit richtet sich Führung auf normative Orientierungs- und strategische Entwicklungsprozesse. Sie kommt dann zum Tragen, wenn Organisationen nicht mehr ihre vorgesehenen Zwecke erfüllen oder mit grundlegenden Veränderungen konfrontiert sind.

Management:
Management zielt auf Stabilität ab und bezieht sich auf die vorwiegend operativen Führungs- bzw. Verwaltungsaufgaben. Es geht bei Management um die Sicherstellung und Optimierung des laufenden Geschehens in der Organisation.

1.2.2 Die Schulleitung als »Instructional Leader«

Gerade im Kontext der Schulwirksamkeitsforschung (school-effectiveness research) werden häufig Schulleitungsaktivitäten in den Mittelpunkt gerückt, die einer eher unterrichtsbezogenen Schulleiterrolle entsprechen (»Instructional Leader«). Hierbei handelt es sich um ein Konzept, das »die berufliche Kompetenz als Lehrer betont und Fragen der Führung ausschließlich auf den Unterricht und dessen Kontrolle orientiert« (Wissinger 2011, 103). Schulische Führung in diesem Modell bedeutet, Anweisungen zur Verbesserung des Unterrichts zu geben, deren Umsetzung zu kontrollieren, Bewertung und Weiterbildung von Lehrkräften, Entwicklung/Auswahl/Einsatz von Unterrichtsmaterialien, Tests und Bewertungsinstrumenten sowie Elternarbeit und die Sicherstellung von Ordnung und Disziplin in der Schule (vgl. Wissinger 2011, 103). Ein stringent operationalisiertes und gut erforschtes Modell (im Gegensatz zu einem reinem sloganartigen Gebrauch der Bezeichnung, wie Leithwood et al. 2004 es nennen) von Instructional Leadership liegt von Hallinger und Murphy (1987) vor und unterscheidet drei Dimensionen von Schulleitung: (1) Definieren der Mission der Schule, (2) Managen des unterrichtlichen Programms und (3) Fördern eines positiven Lernklimas. Diese drei Dimensionen werden in zehn konkrete Handlungen operationalisiert. Insgesamt kann man sagen, dass Schulleitung dann bedeutsame Effekte hat, wenn sie …

> »[…] Lehrkräfte darin unterstützt, anspruchsvolle Unterrichtsformen […] zu wählen, richtig einzusetzen und hinsichtlich der Entwicklung ihres Unterrichts in diese Richtung zu kooperieren. […] Vornehmste Aufgabe der Schulleitung ist eine Personalführung, die die professionelle Weiterentwicklung des Personals unterstützt, fördert und fordert, – also konsequent das Lernen fördert.« (Huber 2012a, 7)

Dennoch erscheint es aus heutiger Sicht wenig sinnvoll, Instructional Leadership als eigenes Führungsmodell zu behandeln und Schulleitung alleine über diesen Aspekt zu definieren. Dafür gibt es vor allem zwei Gründe:

1. Jede Führungskraft in jeder Organisation hat selbstverständlich das inhaltliche Kerngeschäft der jeweiligen Organisation zu kennen (bzw. zu beherrschen) und im Blick zu behalten (vgl. Bonsen 2003, 192f.; Leithwood et al. 2004, 6). Dies ist bei einer Schule nicht anders als bei einem IT-Unternehmen.
2. Schulen sind keine autonomen oder gar autarken Organisationen, sondern eingebunden in ein komplexes System aus miteinander vernetzten Akteuren (Gesellschaft/Politik, Schulaufsicht, Eltern, lokale Interessensgruppen etc.). Eine allgemeine Theorie schulischer Führung und Steuerung muss dem, spätestens seit der im Bildungswesen zu beobachtenden Umstellung von in-

put- auf outputorientierte Steuerung und Dezentralisierungs- bzw. Deregulationstendenzen (vgl. Wissinger 2011, 104), Rechnung tragen.

Zusammenfassung: Instructional Leadership
In einem frühen, eher traditionellen Modell schulischer Führung wird die Hauptaufgabe der Schulleitung darin gesehen, konkrete Maßnahmen zur Verbesserung des Unterrichts zu ergreifen und zu überwachen. Dieses Modell greift zu kurz, da es einerseits keine eigenständige Führungstheorie liefert, sondern eher den inhaltlichen Arbeitsbereich einer bestimmten Organisation umreißt und andererseits wichtige ökologische Bedingungen der Führung der Organisation außer Acht lässt. Zudem wird der Begriff häufig als Floskel ohne inhaltliche Ausgestaltung verwendet. Dennoch kann festgehalten werden, dass die *Verbesserung des Kerngeschäfts* einer Organisation (hier: Bildung, Erziehung und Entwicklungsbegleitung von Kindern und Jugendlichen) *die Zielrichtung der Arbeit jeder Führungskraft* ist.

Weiterführende Literatur:

Huber, S. G. (2012a): Wann lernen Schülerinnen und Schüler am besten? In: Bartz, A./Huber, S. G./Klieme, T./Kloft, C./Schreiner, M. (Hrsg.): PraxisWissen SchulLeitung (30.12). München: Wolters Kluwer.

Leithwood, K./Seashore Louis, K./Andersen, S./Wahlstrom, K. (2004): How Leadership Influences Student Learning. Minnesota: Center for Applied Research and Educational Improvement.

1.2.3 Transaktionale und Transformationale Führung

Zwei Modelle, die häufig gemeinsam auftauchen bzw. als zusammengehöriges Begriffspaar diskutiert werden (vgl. Dubs 2016; Silins 1994) sind die Modelle der transformationalen und der transaktionalen Führung. Für Bass und Avolio (1995) sind diese beiden Führungsstile lediglich verschiedene Teilaspekte eines Full-Range-Model of Leadership, welches als negativen, ineffizienten Endpunkt noch den Laissez-Faire-Stil umfasst (vgl. Felfe 2006). Tabelle 1.1 fasst die wesentlichen Merkmale transaktionaler und transformationaler Führung zusammen (▸ Tab. 1.1).

Tab. 1.1: Merkmale transaktionaler und transformationaler Führung bei Boss und Avolio (modifiziert nach Felfe 2006, 63)

Transaktionale Führung	Transformationale Führung
Contingent Reward: klare Erwartungen, Zielvereinbarungen, Belohnung für gute Leistungen	*Idealized Influence Attributed:* Beeinflussung von Mitarbeitern durch (zugeschriebene) Vorbildfunktion der Führungskraft
Management by Exception Active: Überwachen von Abläufen und Vorgängen, Kontrolle der Zielerreichung	*Idealized Influence Behavior:* hohe Erwartungen an Mitarbeiter bei gleichzeitiger Fähigkeit, diese selbst vorzuleben
Management by Exception Passive: Strategie der weitgehenden Zurückhaltung, korrigierendes Eingreifen nur bei Fehlentwicklungen	*Inspirational Motivation:* Begeisterung durch attraktive Visionen, Vermittlung von Zuversicht auf deren Erfüllung
	Intellectual Stimulation: Anregung zu innovativem Denken, Hinterfragen des Status quo, Ermutigung zur Erprobung immer neuer Lösungen
	Individualized Consideration: Systematische Förderung der Mitarbeiter, Anerkennung von deren Bedürfnissen und Voraussetzungen, Rolle als Mentor/Coach

Im Kontext von Schulentwicklung repräsentiert transaktionale Führung für Dubs das Schulmanagement und damit die Sicherstellung der Funktionstüchtigkeit einer Schule, während er transformationale Führung mit der Weiterentwicklung der Schule sowie der Sicherstellung von Innovation, Qualitätsverbesserung und Identifikation des Lehrkörpers mit der Schule in Verbindung bringt (vgl. Dubs 2016, 119f.). Gute transaktionale Schulleitung zeichnet sich für ihn durch folgende Grundsätze aus (Dubs 2016, 135ff.):

1. Verwirklichung eines partizipativ-situativen Führungsstils,
2. (sinnvolle) Delegation unter Beachtung entsprechender Grundsätze,
3. zielorientierte Führung/Führung durch Zielvereinbarungen,
4. Sicherstellung eines transparenten, klaren Informationsflusses,
5. Sicherstellung eines (möglichst kurzen und effizienten) verbindlichen Dienstweges (der immer ›über den Tisch‹ der Schulleiterin/des Schulleiters führt),
6. Einrichtung klarer Stellvertreterregelungen.

Ergänzend ist dazu als wesentliches Merkmal dieses Führungsstils zu nennen, dass die Beziehung zwischen Führer und Geführtem eine Austauschbeziehung darstellt: Anerkennung gegen Gefolgschaft, Belohnung gegen Leistung (vgl. Wissinger 2010, 208).

Transformationale Führung einer Schule bedeutet für Dubs (2016, 147):

1. Die Schulleitung hat Visionen und pädagogische Werte, reflektiert diese, adaptiert sie auf die Umweltbedingungen.
2. Die Schulleitung kennt die Eigenarten und Bedürfnisse des Lehrerkollegiums.
3. Die Schulleitung schafft Rahmenbedingungen für Schulentwicklung.
4. Die Schulleitung interessiert sich für Neuerungen und inspiriert das Lehrerkollegium für Innovation.

In der Tat lassen sich auch im Bereich der Schulleitung bedeutsame Zusammenhänge zwischen transformationaler Führung der Schulleitung und Arbeitszufriedenheit, Commitment, Wohlbefinden und geringerem Burnout-Erleben bei Lehrkräften nachweisen (Harazd/van Ophuysen 2011). Somit kann angenommen werden, dass transaktionale Führung die Schule ›am Laufen‹ hält, während transformationale Führung eine darüberhinausgehende Auswirkung auf die Schule hat.

Zusammenfassung: Transaktionale und Transformationale Führung

Transaktionale Führung beschreibt Führung als eine Beziehung der wechselseitigen Beeinflussung über Austauschprozesse. Die Führungskraft führt im Wesentlichen über klare Erwartungen/Zielvereinbarungen und kontingenten Belohnungen bei Zielerreichen. Transaktionale Führung kann als Form des Managements beschrieben werden.

Transformationale Führung hingegen zielt auf die Transformation der Organisation, auf Innovation und Weiterentwicklung ab. Die Führung erfolgt über die Inspiration mittels attraktiver Visionen, durch Vorbildrolle der Führungskraft, durch Anregung zu kritischem Denken und durch systematische Förderung der Mitarbeiter.

Beide Formen der Führung ergänzen sich zu einem *Full-Range-Model of Leadership*, in dem transformationale Führung das ›positive‹ Ende und Laissez-faire das ›negative‹ Ende bildet. Empirische Hinweise deuten darauf hin, dass vor allem transformationale Führung Zufriedenheit, Wohlbefinden und Innovationsbereitschaft fördert.

Weiterführende Literatur:

Neuberger, O. (2002): Führen und Führen lassen: Ansätze, Ergebnisse und Kritik der Führungsforschung. 6. Auflage. Stuttgart: Lucius & Lucius.

Dubs, R. (2016): Führung. In: Buchen, H./Rolff, H.-G. (Hrsg.): Professionswissen Schulleitung. Weinheim & Basel: Beltz, 102–176.

Wissinger, J. (2010): Leitungs- und Führungstheorien. In: Bohl, T./Helsper, W./Holtappels, H. G./Schelle, C. (Hrsg.): Handbuch Schulentwicklung. Stuttgart: UTB, 203–209.
Felfe, J. (2006): Validierung einer deutschen Version des »Multifactor Leadership Questionnaire« (MLQ Form 5 x Short) von Bass und Avolio (1995). In: Zeitschrift für Arbeits- u. Organisationspsychologie, 50 (2), 61–78.

1.2.4 Symbolische Führung

Eine in der klassischen Schulleitungsforschung aus unserer Sicht wenig berücksichtigte Form der Führung ist die symbolische Führung. In der Forschung zu Schulleitung wird diese Form oder Ausrichtung von Führung vor allem als Teil eines integrierten Modells nach Bolman und Deal (2013) verwendet (z. B. Bonsen 2003), das wir in Kapitel 2 als grundlegenden Rahmen für den Praxisteil dieses Buchs einführen werden (▶ Kap. 2). Ferner gibt es einige praxisbezogene Literatur, die den Aspekt der symbolischen Führung mit einbezieht (z. B. Bonsen 2016; Dubs 2005, 2016; Lindemann 2010).

Der Ansatz symbolischer Führung geht von folgender Grundannahme aus:

> »Zum einen ist *personales* Handeln nie so determiniert und ausrechenbar wie das Funktionieren einer Maschine und zum anderen haben Führungskräfte einen Machtvorsprung, dessen Grundlagen und Umfang nicht exakt abschätzbar sind, der vielmehr erst durch Zeigen *und* Verbergen begründet wird.« (Neuberger 2002, 642; Herv. i. O.)

Das bedeutet, dass Führung stets mehrdeutig ist, eigentlich gar unsichtbar, also erst personifiziert werden muss (vgl. Neuberger 2002, 642). D. h. in der Konsequenz:

> »Weil Führungskraft als solche nicht erkennbar ist, muss sie vermittelt und buchstäblich bezeichnet werden. Als Mittel oder Medien spielen *Sym-*

> *bole* eine herausragende Rolle; Führung ist symbolisiert und sie symbolisiert.« (Neuberger 2002, 643; Herv. i. O.)

Was ist gemeint, wenn Neuberger schreibt, Führungskraft werde durch Symbole vermittelt? Zunächst ist zu klären, was ein Symbol ist. Als Symbol können in diesem Kontext alle konkreten Fakten verstanden werden, die neben der wörtlichen Bedeutung eine weitergehende Bedeutung in sich tragen, was aber im Auge des Interpreten liegt: Ein Symbol ist also etwas Konkretes, das für jemanden als etwas für etwas steht (vgl. Neuberger 2002, 645). In Organisationen kann es sich um verbale (z. B. Sprachregelungen, Slogans, Mottos), interaktionale (z. B. Rituale, Gewohnheiten, Bräuche, Taktiken) oder artifizielle (z. B. Gebäude, Logos, Statussymbole) Symbole handeln (vgl. Neuberger 2002, 663f.). Unter oben genannter Grundannahme der Mehrdeutigkeit jedes sozialen Sachverhalts transportieren alle diese Symbole einen Sinn in sich, der aber zunächst mehrdeutig sein kann.

In diesem Sinne besteht symbolische Führung aus zwei Komponenten: Einerseits ist jedes Handeln der Führungskraft eingebettet und umgeben von Symbolen der Organisation, wirkt also nicht unmittelbar, sondern über den Weg der Symbole. *Führung ist also symbolisiert.* Abbildung 1.1 stellt dies nach Neuberger dar (vgl. Neuberger 2002, 662f.): Zum einen wirkt die Tatsache y (z. B. eine innerbetriebliche Sprachregelung) sowohl auf die Führungskraft ein als auch auf die geführte Person. Dies wirkt sich darauf aus, wie die geführte Person das Führungshandeln x der Führungskraft interpretiert und umsetzt. Damit dies im von der Führungskraft intendierten Ergebnis z resultiert, muss diese die Wirkung des Symbolischen berücksichtigen und antizipieren (▶ Abb. 1.1). Neuberger drückt dies wie folgt aus:

> »Man kann nicht nicht symbolisch führen. Man hat nicht die Wahl entweder symbolisch zu führen oder nicht; man führt immer symbolisch. Die Frage ist lediglich, ob man es bewusst macht und ob man es sich bewusst macht.« (Neuberger 2002, 663)

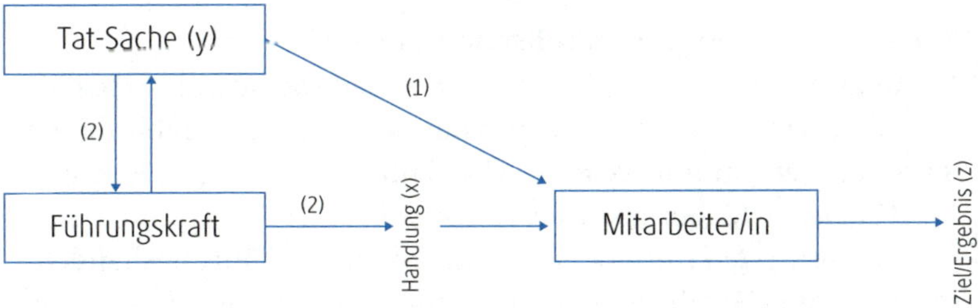

Abb. 1.1: Prozess symbolisierter Führung (Abbildung in Anlehnung an Neuberger 2002, 663)

Andererseits ist Führung nicht nur symbolisiert, sondern sie symbolisiert zugleich auch: Aufgrund der Mehrdeutigkeit aller betrieblichen Fakten (die ›offene Tür‹ des Schulleiterbüros kann zwar als Gesprächsbereitschaft interpretiert werden, allerdings auch als übermäßiges Kontrollbedürfnis; die großzügige Ausstattung des Chefbüros kann als Repräsentation des Erfolgs der Firma interpretiert werden, aber auch als Vergeudung und Prahlerei) ist es Aufgabe der Führungskraft, die Deutungshoheit über die Interpretation und Sinngebung zu gewinnen (vgl. Neuberger 2002, 666): Symbolisierende Führung in diesem Sinne meint das »Herauslesen neuen Sinns aus alten Fakten bzw. die Schaffung neuer Fakten und deren ›richtige‹ Deutung, die durch entsprechende Dechiffrier-Anleitungen gesichert wird« (Neuberger 2002, 667).

Da gerade Schulleitung nur begrenzte Möglichkeiten hat, direkt auf das Verhalten von Lehrkräften einzuwirken, kommt aus unserer Sicht gerade der Nutzung der Kraft des Symbolischen eine hohe Bedeutung zu, insbesondere im Kontext von Inklusion (bzw. generell im Kontext der Umsetzung von Innovationsprogrammen). Wie Schulleitung dies einsetzen kann, werden wir an späterer Stelle dieses Bandes noch aufgreifen.

Zusammenfassung: Symbolische Führung

Symbolische Führung geht von der Annahme aus, dass soziale Tatsachen symbolischen Inhalt transportieren und mehrdeutig sind. Ferner nimmt symbolische Führung an, dass Führung *symbolisiert ist*, aber auch *selbst symbolisiert*.

Symbolisierte Führung bedeutet, dass jedes Führungshandeln indirekt auf Geführte einwirkt, indem es in führungsgleiche Tatsachen (Sprachregelungen, Slogans, Logos, Statussymbole) eingebettet und von diesen umgeben ist, sodass deren Symbolgehalt vom Geführten interpretiert wird.

Symbolisierende Führung bedeutet, dass die Führungskraft Einfluss auf die Sinn-Deutung der Symbole der Organisation nimmt, neue Deutungen vorgibt oder neue Symbole erschafft und deren Interpretation steuert.

Weiterführende Literatur:

Neuberger, O. (2002): Führen und Führen lassen: Ansätze, Ergebnisse und Kritik der Führungsforschung. 6. Auflage. Stuttgart: Lucius & Lucius.

Bolman, L. G./Deal, T. E. (2013): Reframing Organizations: Artistry, Choice, & Leadership. 5. Auflage. San Francisco: Jossey-Bass.

Bonsen, M. (2003): Schule, Führung, Organisation: Eine empirische Studie zum Organisations- und Führungsverständnis von Schulleiterinnen und Schulleitern. Münster [u. a.]: Waxmann.

1.2.5 Distributive Führung

Ein weiteres Modell von Führung ist »Distributed Leadership« (distributive/geteilte Führung, demokratische Führung). Führung gemäß diesem Ansatz »konzentriert sich eher darauf, Expertise überall dort aufzugreifen, wo sie in der Organisation vorhanden ist, als diese nur in formalen Positionen und Rollen zu suchen« (Harris 2004, 13; eigene Übersetzung). Leitungshandeln im Sinne dieses Modells entsteht als kollektives Leitungshandeln, indem Expertise durch Kooperation entwickelt wird. Die Rolle formaler Leitungspersonen wird dadurch nicht vollständig redundant, besteht jedoch mehr im Zusammenhalten der Einzelelemente innerhalb der Organisation. Zentrale Aufgabe ist es, »eine gemeinsame Kultur von Erwartungen bezüglich des Einsatzes individueller Fertigkeiten und Fähigkeiten zu schaffen« (Harris 2004, 14; eigene Übersetzung). Bonsen (2010b, 195) formuliert in Anlehnung an Harris und Chapman (2002) folgende Grundsätze:

1. »Die Schulleitung lebt demokratische Führung vor, stärkt und motiviert die Lehrkräfte sich für die gemeinsame Vision der Schule einzusetzen,
2. sie delegiert Verantwortung und Entscheidungsmacht an Mitglieder der erweiterten Schulleitung oder eines ›mittleren Managements‹ (z. B. einer Steuergruppe) und beteiligt und stärkt die Lehrkräfte darin, ebenfalls Führungsfunktionen zu übernehmen,
3. sie betreibt systematische Personalentwicklung und sieht hierin eine sinnvolle Investition in die Entwicklungskapazität der gesamten Schule,
4. sie entwickelt und pflegt die sozialen Beziehungen im Kollegium und
5. sie versucht durch gemeinsamen Dialog und offene Diskussion das Kollegium zu einer schulweiten Lerngemeinschaft zu entwickeln.« (Bonsen 2010b, 195)

Zwar ist distributive Führung bezogen auf Schulleitung empirisch noch wenig erforscht und die Evidenz für seine Überlegenheit gegenüber anderen Formen von Leadership demzufolge schwach (vgl. Bonsen 2010b, 194; Wissinger 2011, 108). Dennoch weisen Studien darauf hin, dass es vielversprechend erscheint, Leitungsaufgaben und Verantwortung innerhalb der Schule möglichst breit zu verteilen (Day et al. 2000; Gronn 2002; Harris 2004; Harris/Chapman 2002; Pont et al. 2008; Spillane et al. 2001).

Zusammenfassung: Distributive Führung

Distributive Führung bedeutet, dass die Führungsverantwortung auf ein breites Team verteilt wird und sich im Idealfall situativ aus vorhandener Expertise ergibt. Für die Schule kann dies bedeuten, dass innerhalb der Schule »Unterabteilungen«, eine »erweiterte Schulleitung« oder Teams mit eigener Entscheidungsverantwortung existieren und dass Führung im Kollegium (so weit möglich) gemeinsam und demokratisch wahrgenommen wird. Empirische Hinweise deuten darauf hin, dass diese Form der Führung die Weiterentwicklung von Schulen unterstützt.

Weiterführende Literatur:

Bonsen, M. (2010b): Einführung: Schule leiten. In: Bohl, T./Helsper, W./Holtappels, H. G./Schelle, C. (Hrsg.): Handbuch Schulentwicklung. Stuttgart: UTB, 189–196.

Harris, A./Chapman, C. (2002): Effective Leadership in Schools Facing Challenging Circumstances: Final Report. Nottingham: NCSL.

1.2.6 ›Gute‹ Schulleitung?

Die vorangegangene Übersicht und je kurz angerissene Diskussion der einzelnen Theorieansätze zu schulischem Leitungshandeln zeigt deutlich, dass es vielfältige Ansätze gibt, Führung zu beschreiben, zu charakterisieren und praktisch ›handhabbar‹ zu machen. Zugleich zeigt uns die empirische Forschung auch, wie schwer es ist, aus der Vielzahl dieser Ansätze herauszudestillieren, was ›gute‹ Schulleitung ausmacht – eine einfache Antwort, wie eine Schulleiterin oder ein Schulleiter ›den Job zu erledigen hat‹ werden wir hier also nicht geben können. Dennoch geben die verschiedenen empirischen Befunde der Schulleitungsforschung wichtige Hinweise und Impulse, sodass man einige Kernelemente wirksamer oder guter Schulleitung recht gut zusammenfassen kann (vgl. Bonsen 2016; Huber 2012b; Leithwood et al. 2008).

Trotz der Einigkeit darüber, dass Schulleitung eine Schlüsselrolle im Schulentwicklungsprozess spielt (vgl. Bonsen 2010a), konstatiert Bonsen (2016):

> »Es ist nicht von der Hand zu weisen, dass empirische Forschung zur Wirksamkeit von Schulleitung nicht immer zu konsistenten und deckungsgleichen Ergebnissen geführt hat. [...] Die Frage nach einem guten und erfolgreichen Management bzw. effektiver Führung in der Schule scheint demnach nur begrenzt allgemeingültig und keinesfalls unabhängig von unterschiedlichen Kontexten zu beantworten.« (Bonsen 2016, 223)

Folglich vertritt Bonsen die Auffassung, dass es nicht einen optimalen Führungsstil oder eine optimale Führungseigenschaft gebe, sondern dass vielmehr die Anforderungen an Führung von Situation zu Situation variieren – was allerdings wiederum die empirische Erforschung der Auswirkungen von Führungsverhalten erschwere (vgl. Bonsen 2016, 223f.). Eine wichtige Folge dessen ist nach Bonsen, dass »durch die so genannten Situationsansätze das Verständnis des Führungsprozesses erheblich erweitert und allzu einfache Führungsempfehlungen zunehmend zurückgedrängt« (Bonsen 2016, 224) würden. Aus der Arbeit von Bonsen, Gathen, Iglhaut und Pfeiffer (2002) lassen sich allerdings Hinweise auf Führungsmerkmale von Schulleitern finden, deren Schulen durch Fragebogenbefragung von Eltern, Lehrkräften und Schülerinnen und Schülern als »gute« Schulen eingestuft wurden – gegenüber Schulleitern von als »verbesserungswürdig« eingestuften Schulen (Bonsen et al. 2002, 167):

1. zielbezogene Führung,
2. Veränderungsbereitschaft der Schulleitung,
3. Organisationskompetenz,
4. Visibilität der Schulleitung.

Auch in Hubers (2012b) Thesen zu guter Schulleitung spielt die Tatsache, dass sich »gute« Schulleitung nicht für alle Schulen gleich beschreiben lässt, eine wichtige Rolle. Trotzdem fasst er den Forschungsstand hinsichtlich wirksamer Schulleitung insgesamt optimistischer zusammen als Bonsen und formuliert folgende Thesen (Huber 2012b, 8ff.):

1. Gute Schulleiter erfüllen ihre Funktion und wissen mit Belastungen umzugehen.
2. Gute Schulleiter organisieren Führung.
3. Gute Schulleiter sind Komplexitätsbewältiger.
4. Gute Schulleiter sind Kooperationsprofis und Kooperationsförderer.
5. Was ein guter Schulleiter ist, variiert von Organisation zu Organisation.
6. Gute Schulleiter stellen Passungen her und beziehen ihr Handeln auf die jeweilige Situation.
7. Gute Schulleiter sind Entwickler.
8. Gute Schulleiter sind gute Pädagogen.
9. Gute Schulleiter sind gute Manager.
10. Gute Schulleiter beachten das Verhältnis von Aufwand und Nutzen.
11. Gute Schulleiter verhalten sich integer und fair.
12. Gute Schulleiter zeigen Vertrauen und Zutrauen.

So klar sich eine solche Aufzählung auf den ersten Blick liest, wird doch auf den zweiten Blick deutlich, dass die konkrete, inhaltliche Füllung mit Verhaltensweisen – mindestens bei einigen Aspekten – in sehr unterschiedlicher Weise geschehen kann und dann von unterschiedlichen Personen je unterschiedlich bewertet werden dürfte. Es zeigt sich also, dass These Nr. 5 (»Was ein guter Schulleiter ist, variiert von Organisation zu Organisation«, Huber 2012b, 8) und Nr. 6 (»Gute Schulleiter stellen Passungen her und beziehen ihr Handeln auf die jeweilige Situation«, Huber 2012b, 9) das eigentliche Zentrum der Liste darstellen. Denn von den Bedingungen der jeweiligen Einzelschule hängt es ab, wie die übrigen Thesen mit konkreten Inhalten gefüllt werden. Beispielhaft können die folgenden Fragen das vor Augen führen:

- Wann ist Führung »organisiert«? (→ These Nr. 2)
- Wann ist Komplexität erfolgreich bewältigt? (→ These Nr. 3)
- Was ist ein »guter Pädagoge«? (→ These Nr. 8)
- Und: Welche Lehrkraft hat unter welchen Bedingungen durch welches Verhalten das Gefühl, dass ihr Vertrauen und Zutrauen entgegengebracht werden? (→ These Nr. 12)

Im internationalen Forschungskontext fassen Leithwood, Harris und Hopkins (2008) den Forschungsstand in sieben »Strong Claims« zusammen. Die wichtigsten Aspekte bei dieser Zusammenfassung sind aus unserer Sicht, dass der Effekt der Schulleitung nicht überbewertet werden dürfe (Claim 1), dass die *Anwendung* von Führungstechniken, adaptiert auf den Kontext der jeweiligen Schule, bedeutsamer sei als die Führungstechniken selbst (Claim 3), dass die Wirkung von Schulleitung eher indirekt über Beeinflussung von Motivation, Commitment und Arbeitsbedingungen zustande komme (Claim 4) und dass Führung besonders dann wirksam werde, wenn sie in der Breite verteilt (distributive Führung) sei (Claim 5). Ferner benennen die Autoren vier Dimensionen von »Kerntechniken« (Claim 2), die von erfolgreichen Schulleitern eingesetzt werden (Leithwood et al. 2008, 30):

1. Visionen aufbauen und die Richtung vorgeben,
2. die Menschen verstehen und in ihrer Entwicklung unterstützen,
3. die Organisation neu gestalten/umstrukturieren,
4. das Unterrichtsprogramm der Schule managen.

Diese Darstellung von Forschungsbefunden macht deutlich, dass es schwierig oder eher unmöglich, ist, auf einer seriösen Basis konkrete Handlungsanleitungen für Schulleitung zu geben: Jede Schule ist in einer spezifischen individuellen Situation mit unterschiedlichen Personenkonstellationen eingebunden, was je unterschiedliche Handlungsweisen von der Schulleitung erfordert. Dennoch ist es möglich, aus der Forschung *verschiedene Aufmerksamkeitsberei-*

che abzuleiten, die eine schulische Führungskraft im Blick haben sollte – und zu diesen können Handlungsoptionen im Sinne eines Werkzeugkastens zusammengestellt werden, die aber je im Einzelfall darauf geprüft werden müssen, inwieweit sie für die Situation der Schule passen. Das ist das Anliegen des praktischen Teils dieses Buches – Zunächst möchten wir jedoch noch auf einige Forschungsbefunde zu »Schulleitung und Inklusion« eingehen.

Zusammenfassung: ›Gute‹ Schulleitung?
Die Schulleitungsforschung kommt über die Jahrzehnte der Forschungsbemühungen immer mehr zu dem Schluss, dass es nicht ›die‹ optimale Führungsstrategie oder ›das eine‹ ideale Schulleiterverhalten geben kann. Zwar lassen sich einige ›Kerntechniken‹ zusammenfassen, die erfolgversprechend sind – wichtiger ist jedoch deren Adaption auf die jeweiligen Bedingungen vor Ort. Wesentliche Strategien des Managements können als Grundvoraussetzung für den reibungslosen Ablauf in der Schule gelten – dennoch können auch diese nicht losgelöst von der spezifischen Situation der einzelnen Schule gesehen werden. Ferner zeigt sich, dass Schulentwicklung an sich so komplex ist und von vielen Aspekten und Akteurskonstellationen beeinflusst wird, dass es anstatt kochrezeptartiger Anleitungen eher Sinn macht, Bereiche zu analysieren, auf denen die Aufmerksamkeit der Schulleitung liegen sollte.

Konkrete Ratgeber, die formulieren »*So geht Schulleitung!*« müssen vor diesem Hintergrund als *zumindest fragwürdig* eingestuft werden.

1.3 Schulleitung und inklusive Schulentwicklung – ein kaum erschlossenes Forschungsfeld

Das Hauptthema des vorliegenden Bandes lautet: Schulleitung und Inklusion. Danach wird der theoretische und empirische Hintergrund in einem kurzen Abschnitt bearbeitet. Das mag auf den ersten Blick verwundern. Betrachtet man jedoch die Forschungsliteratur zu diesem Thema, so stellt man fest: Viel gibt es auf diesem Gebiet noch nicht (vgl. Scheer et al. 2014; Sturm et al. 2015). Die Befunde, die sich derzeit herauskristallisieren, können unter folgender These zusammengefasst werden:

These:
Schulleitung an »inklusiven« Schulen ist zu allererst Schulleitung; lediglich die zu bearbeitende Thematik – und damit Umfang und Komplexität einzelner Aufgaben – erweitern sich.

In diesem Sinne stellen Hillenbrand, Melzer und Hagen (2013) den Forschungsstand wie folgt dar:

1. »Hartnäckigkeit: Die Schulleitung unternimmt alles, damit Schülerinnen und Schüler erfolgreich lernen. Gemeinsam mit den Lehrkräften sind sie ›warm demanders‹, die hohe Erwartungen äußern und zugleich intensive Unterstützung anbieten.
2. Klarheit des Ziels für eine lernende Gemeinschaft: Die Schulleitung steht konsequent für das Ziel einer inklusiven Schule mit zielereichendem Lernen für alle Schülerinnen und Schüler ein. Der Weg dahin wird gemeinsam entwickelt, die Entscheidungen finden gemeinsam statt.
3. Datengestützte Entscheidungen: Erfolgreiche inklusive und effektive Schulen nutzen konsequent eigene Daten für ihre Entscheidungen. Sie entwickeln dazu ökonomische Erhebungs- und Auswertungsprozeduren, die nahe zu ihren Bedürfnissen liegen.

4. Unterstützende und soziale Schulgemeinschaft: Die Schulleitung (a) sorgt und bringt sich persönlich ein für die Lehrkräfte (Vertrauen, Ideen, Probleme und Bedenken anhören, Mitarbeiterinnen und Mitarbeiter fair behandeln), (b) schirmt Lehrkräfte und Mitarbeitende vor externem Druck ab (z. B. landesweite Tests), und (c) fördert die Weiterentwicklung der Lehrkräfte (Fortbildungen und Weiterqualifizierungen ermöglichen).« (Hillenbrand et al. 2013, 49)

Diese Zusammenfassung macht deutlich, dass Schulleitungshandeln im Kontext Inklusion nicht eindimensional gesehen werden kann, sondern mehrere Perspektiven berücksichtigen muss. Aus diesem Grunde werden wir im folgenden Kapitel ein integriertes Modell schulischen Führungshandelns vorstellen, das die Grundlage für die Gliederung der danach folgenden praxisorientierten Kapitel darstellt.

2

Ein integriertes Modell von Schulleitung: Der Ansatz von Bolman und Deal

In diesem Kapitel möchten wir, aufbauend auf den vorgestellten Befunden des vorangegangenen Kapitels, ein Modell von Führung vorstellen, das sich unseres Erachtens gut auf Schulleitung übertragen lässt und eine hohe Anschlussfähigkeit zu den empirischen Befunden zu ›guter‹ Schulleitung bietet. Zugleich merken wir aber an, dass dieses Führungsmodell nicht ausschließlich für Schulleiterinnen und Schulleiter hilfreich ist: Es geht dabei um Führung im Allgemeinen, d. h. *für jede und jeden mit Führungsverantwortung im Schulsystem ist dieses Kapitel von Bedeutung, also auch für Schulaufsichtsreferentinnen und -referenten, leitende Beamtinnen und Beamte in Bildungsministerien etc.*

Bevor Sie sich theoretisch mit diesem Modell auseinandersetzen, möchten wir Sie dazu einladen, einmal den folgenden Fragebogen für sich zu beantworten (Kopiervorlage 2-1) und auszuwerten (Kopiervorlage 2-2).

Anhand dieses Fragebogens wird recht gut deutlich, was der Kerngedanke dieses theoretischen Rahmenmodells ist: Bolman und Deal (2013) gehen auf Basis der Literatur zu Organisationstheorien und Führungstheorien sowie auf Basis der empirischen Führungsforschung davon aus, dass es vier Hauptperspektiven gibt, unter denen Organisationen und Führung in Organisationen betrachtet werden können. Aus jeder dieser Strömungen heraus gibt es Führungstheorien, die entsprechend der eigenen Ausrichtung bestimmte Aspekte von Führungshandeln in den Mittelpunkt rücken. Jede Organisationstheorie bietet der Führungskraft folglich einen Rahmen, durch den sie, gleich einem Fenster, ihre Organisation, deren Abläufe und die daraus resultierenden Führungsaufgaben/Anforderungen an Führung ableitet:

> »Ein Rahmen ist ein mentales Modell – ein Satz von Ideen und Annahmen –, das man im Kopf hat, um ein partikulares ›Territorium‹ zu verstehen und zu verhandeln. Ein guter Rahmen macht es einem leichter zu wissen, womit man es zu tun hat und, schlussendlich, wie man diesbezüglich handeln kann. Rahmen sind unverzichtbar, weil Organisationen kein computermäßiges Navigationssystem besitzen, welches einen Schritt für Schritt ans Ziel führt. [...] Die Essenz dieses Prozesses ist, situationale Hinweise/Informationen mit einem gut gelernten Rahmenmodell in Übereinstimmung zu bringen [...].« (Bolman/Deal 2013, 10f.; eigene Übersetzung)

Einerseits bedeutet dies, dass die Art, wie eine Führungskraft ihre Umgebung sieht, auch bestimmt, wie sie als Führungskraft agiert, andererseits aber auch, dass das Wissen über unterschiedliche Perspektiven auf die Welt ein Reframing ermöglicht, einen Wechsel der eigenen Perspektive. Und genau das zeichnet das Modell von Bolman und Deal aus: Jede Führungskraft, so die Autoren,

Kopiervorlage 2-1

Fragebogen zur subjektiven Ausrichtung als Führungskraft

(Original: Leadership Orientation Self-Rating-Scale, Lee G. Bolman & Terrence E. Deal, 1988)

Dieser Fragebogen dient dazu, dass Sie sich selbst als Manager und Führungskraft beschreiben. Tragen Sie bei jeder Frage eine „4" bei der Aussage ein, die am besten auf Sie persönlich zutrifft, eine „3" bei der Aussage, die am zweitbesten auf Sie zutrifft und weiter bis zur „1" für die Aussage, die am wenigsten auf Sie zutrifft.

1. *Meine stärksten Fähigkeiten sind:*

   ____ a. Analytische Fähigkeiten
   ____ b. Zwischenmenschliche Fähigkeiten
   ____ c. Politische Fähigkeiten
   ____ d. Gespür fürs Dramatische/Theatralische

2. *Die beste Beschreibung für mich ist:*
   ____ a. Expertin/Experte fürs Technische
   ____ b. Gute Zuhörerin/Guter Zuhörer
   ____ c. Geschickter Verhandlungsführer/Unterhändler
   ____ d. Inspirierender Führer

3. *Am meisten geholfen, um erfolgreich zu sein, hat mir meine Fähigkeit, ...*
   ____ a. ... gute Entscheidungen zu treffen.
   ____ b. ... Menschen zu unterstützen und weiterzubilden.
   ____ c. ... starke Allianzen und eine Machtbasis zu entwickeln.
   ____ d. ... andere zu inspirieren und anzuregen.

4. *Am ehesten bemerken andere Menschen an mir:*
   ____ a. Aufmerksamkeit für Details
   ____ b. Interesse an und Sorge für die Menschen
   ____ c. Fähigkeit, bei Konflikten und Widerständen erfolgreich zu sein
   ____ d. Charisma

5. *Meine allerwichtigste Eigenschaft als Führungskraft ist:*
   ____ a. klares, logisches Denken
   ____ b. mich um andere Menschen zu kümmern und sie zu unterstützen
   ____ c. Härte und Aggressivität
   ____ d. Vorstellungsvermögen und Kreativität

6. *Am besten beschreibt man mich als:*
   ____ a. Analyst/in
   ____ b. Humanist/in
   ____ c. Politiker/in
   ____ d. Visionär/in

Kopiervorlage 2-2

Auswertung und Interpretation des Fragebogens

Der Fragebogen zur subjektiven Ausrichtung als Führungskraft ist nach vier Konzeptionen von Organisationen sowie Führungsaufgaben in Organisationen aufgeschlüsselt.
Zeichnen Sie Ihre Werte auf den jeweiligen Axen des Diagramms ein:

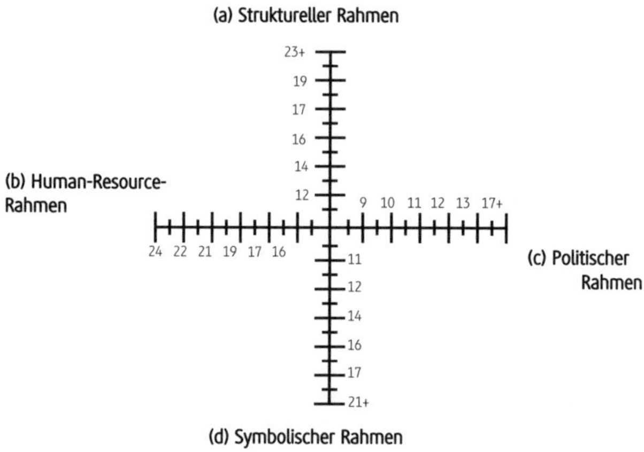

Es gilt:

- Struktureller Rahmen = Summe aller jeweils bei Aussage (a.) eingetragener Werte
- Human-Resource-Rahmen = Summe aller jeweils bei Aussage (b.) eingetragener Werte
- Politischer Rahmen = Summe aller jeweils bei Aussage (c.) eingetragener Werte
- Symbolischer Rahmen = Summe aller jeweils bei Aussage (d.) eingetragener Werte

Die Skalen im Diagramm sind an die Prozentränge angepasst: Jeweils der niedrigste Wert gibt wieder, dass 25 % der Führungskräfte sich selbst weniger oder gleich viele Punkte auf dieser Skala geben, der je höchste angegebene Wert bedeutet, dass 90 % der Führungskräfte sich einen niedrigeren oder gleich hohen Punktewert auf diesem Rahmen geben. Diese Angaben entstammen dem englischsprachigen Original für Führungskräfte insgesamt und sind daher für Schulleitung im deutschsprachigen Raum nur als grobe Orientierung geeignet.

Weitere Informationen zur Interpretation: http://www.leebolman.com

habe einen eigenen, persönlichen Rahmen bzw. Bild von der Welt, auf das sie sich bezieht, während erfolgreiche Führungskräfte zugleich in der Lage seien, zwischen verschiedenen Rahmen und Betrachtungsweisen zu wechseln (vgl. Bolman/Deal 2013, 12ff.). Denn, und das spiegelt sich auch in den empirischen Befunden wider, die wir im letzten Kapitel zusammengefasst haben, Organisationen sind zu unterschiedlich und komplex, als dass sie durch einen Rahmen, eine Theorie alleine beschrieben werden könnten. Vielmehr erfordern unterschiedliche Situationen unterschiedliche Betrachtungs- und Handlungsweisen, was Bolman und Deal mit der Metapher des Navigationswerkzeugs ausdrücken:

> »Das Richtige hingegen macht die Arbeit leichter. Das falsche Werkzeug steht einem im Weg. Deshalb werden Werkzeuge nur dann hilfreich, wenn die Situation exakt passend für sie ist. Des Weiteren mögen ein bis zwei Werkzeuge für leichte Aufgaben ausreichen, nicht jedoch für komplexere Vorhaben. Manager, die mit dem Hammer umgehen können und nun von allen Problemen erwarten, dass sie sich wie Nägel verhalten, werden das Leben in der Organisation verwirrend finden und frustriert sein. Der kluge Manager wird, wie ein geübter Zimmermann, eine große Auswahl an hochwertigen Werkzeugen passend anzuwenden wissen. Erfahrene Manager verstehen zudem den Unterschied zwischen dem bloßen Besitzen eines Werkzeugs und dem Wissen darüber, wann und wie es zu benutzen ist.« (Bolman/Deal 2013, 13; eigene Übersetzung)

Die vier Rahmen, die Bolman und Deal identifizieren, sind in Tabelle 2.1 übersichtlich dargestellt und werden nachfolgend kurz einzeln beschrieben (▶ Tab. 2.1). Auf konkrete Umsetzungsmöglichkeiten für Schulleitung (im Kontext Inklusion) wird in den einzelnen Folgekapiteln jeweils eingegangen.

Tab. 2.1: Übersicht über das Vier-Rahmen-Modell (modifiziert nach Bolman/Deal 1997, 15, eigene Übersetzung)

	Struktureller Rahmen	Human-Resource-Rahmen	Politischer Rahmen	Symbolischer Rahmen
Metapher(n) für Organisationen	Fabrik oder Maschine	Familie	Dschungel	Karneval, Tempel, Theater
Zentrale Konzepte	Regeln, Rollen, Ziele, Strategien, Technologie, Bedingungen der Außenwelt	Bedürfnisse, Fähigkeiten, Beziehungen	Macht, Konflikt, Wettbewerb, Organisationspolitik	Kultur, Bedeutung, Metapher, Ritual, Zeremonie, Geschichten, Helden
Bild von Leadership	Sozialarchitektur	Empowerment	Anwaltschaft	Inspiration
Grundlegende Herausforderungen für Leadership	Strukturen auf Aufgaben, Technologie und Bedingungen der Außenwelt abstimmen	Bedürfnisse der Organisation und der Menschen in Übereinstimmung bringen	Agenda und Machtbasis entwickeln	Vertrauen, Ästhetik und Bedeutung erschaffen

2.1 Struktureller Rahmen

Den Strukturellen Rahmen leiten Bolman und Deal vor allem aus den Arbeiten von Frederick W. Taylor (1911) und Max Weber (1947) ab. Kernelemente dieser beiden Ansätze sind eine feste Arbeitsteilung, strikte Hierarchien und regelgeleitete Steuerungsmechanismen. Bolman und Deal formulieren folgende Grundannahmen für einen Strukturellen Rahmen:

1. »Organisationen existieren, um festgelegte Ziele und Ansprüche zu erreichen.
2. Organisationen steigern ihre Effizienz und Performance durch Spezialisierung und angepasster Arbeitsteilung.
3. Passende Formen der Koordination und Kontrolle stellen sicher, dass die Anstrengungen verschiedener Individuen und Einheiten ineinandergreifen.
4. Organisationen funktionieren am besten, wenn Rationalität die Oberhand über persönliche Agenda und externen Druck behält.
5. Effektive Strukturen passen zu den aktuellen Umständen einer Organisation (einschließlich ihrer Ziele, Technologien, Arbeitskraft und Umwelt).
6. Probleme entstehen durch und Performance leidet unter Strukturdefizite(n), beseitigt wird dies durch Problemlösung und Re-Strukturierung.« (Bolman/Deal 2013, 45; eigene Übersetzung)

Führung aus Sicht des Strukturellen Rahmens
»Strukturelle Führungskräfte betonen Rationalität, Analyse, Logik, Fakten und Daten. Am ehesten glauben sie an die Wichtigkeit klarer Strukturen und gut entwickelter Management-Systeme. Eine gute Führungskraft ist jemand, der klar denkt, die richtigen Entscheidungen trifft, über gute analytische Fähigkeiten verfügt und der Strukturen und Systeme so gestalten kann, dass die Aufgaben gut erledigt werden.« (Bolman/Deal 1988, 3; eigene Übersetzung)

Schulleitung, wenn sie den Strukturellen Rahmen in den Blick nimmt, berücksichtigt demzufolge laut Bonsen (2016) vor allem die folgenden Dimensionen:

- »Prozessplanung und Evaluation;
- haushaltsbezogene Planung und Kontrolle;
- Entwicklung struktureller Untereinheiten in der Schule, Aktivierung von vorhandenen Strukturen;
- Diskussion und Klärung von Zielen, Rollen und Erwartungen innerhalb der Schule;
- Implementation oder Reorganisation sowie Verdeutlichung gemeinsamer Verfahrensweisen und einer gemeinsamen Organisations- oder ›Schulpolitik‹;
- Entwicklung und Verbesserung von Informationssystemen und Kommunikationsstrukturen.« (Bonsen 2016, 216)

Damit verbunden sind insbesondere Aspekte von Führung, die in Kapitel 1 unter dem Schlagwort der transaktionalen Führung dargelegt wurden (▸ Kap. 1.2.3). Im Wesentlichen geht es also darum, passende Strukturen zu entwickeln sowie alle Abläufe und Informationssysteme so zu koordinieren und zu kontrollieren, dass die Schule funktioniert. In der Forschung zeigt sich, dass dies ein wesentliches Element ist, damit Schulen grundsätzlich funktionsfähig sind und sich in der Folge mit Veränderungen, mit Programmarbeit und mit Visionen befassen können. So ergeben die Befunde von Bonsen (2003, 241), dass in der Tendenz Schulleitungen an guten Schulen dem Strukturellen Rahmen eher eine hohe Beachtung schenken als Schulleitungen an verbesserungswürdigen Schulen. Auch ergab eine quantitative Befragung, dass Schulleiterinnen und Schulleiter, bei deren Ausrichtung als Führungskraft der Strukturelle Rahmen stark ausgeprägt ist, sich auch in stärkerem Maße als erfolgreiche Manager erleben, als dies Schulleiterinnen und Schulleiter tun, bei denen dieser Rahmen schwächer ausgeprägt ist (Roddy 2010).

Konkrete Anregungen und Maßnahmen, wie sich der Strukturelle Rahmen auf die Entwicklung inklusiver Schulen übertragen lässt werden wir im *Kapitel 3* vorstellen und diskutieren (▸ Kap. 3).

2.2 Human-Resource-Rahmen

Eine zweite Theorieströmung, aus der sich ein »Führungsrahmen« des Vier-Rahmen-Modells speist, hat ihre Wurzeln vor allem in den Theorien Abraham Maslows (1970) und Chris Argyris' (1973), aber auch im Ansatz von Douglas McGregor (1960).

Grundlegend für Maslows Ansatz ist die Annahme, dass menschliches Handeln bzw. die Motivation für Handeln aus einer Hierarchie von Grundbedürfnissen hervorgeht, deren Befriedigung der Mensch anstrebe. An der Spitze dieser Hierarchie stehen die Bedürfnisse nach Selbstentfaltung/Wachstum und Selbstwert. Um die Erfüllung dieser Bedürfnisse anzuvisieren, müssen jedoch zunächst grundlegende physische Bedürfnisse, das Bedürfnis nach Sicherheit und das Bedürfnis nach sozialer Anerkennung und Zugehörigkeit erfüllt sein. Obgleich Bolman und Deal zu dem Schluss kommen, dass Maslows Theorie für sich gesehen kaum empirische Evidenz beanspruchen könne und im Detail des Modells eine gewisse Skepsis angebracht sei, transportiere sie, so die Autoren (Bolman/Deal 2013, 122f.), eine wichtige Botschaft für Führung und Management:

> »Wenn du ausschließlich mittels Zuckerbrot und Peitsche führst, erhältst du nur einen geringen Teil der Energie und Fähigkeiten, die die Menschen insgesamt anzubieten haben.« (Bolman/Deal 2013, 123; eigene Übersetzung)

Führungstheorien, die sich aus dieser Sichtweise ergeben (Argyris 1973; McGregor 1960), fassen Bolman und Deal wie folgt zusammen:

Führung aus Sicht des Human-Resource-Rahmens

»Human-Resource-orientierte Führungskräfte betonen die Bedeutung der Menschen. Sie bevorzugen die Sichtweise, dass es die zentrale Aufgabe von Management sei, eine gute Passung zwischen den Menschen und der Organisation zu entwickeln.

Sie glauben an die Wichtigkeit von Coaching, Partizipation, Motivation, Teamwork und guten zwischenmenschlichen Beziehungen. Eine gute Führungskraft ist ein guter Moderator/Vermittler und partizipativer Manager, der andere unterstützt, befähigt und bevollmächtigt.« (Bolman/Deal 1988, 3; eigene Übersetzung)

Im schulischen Setting bedeute dies, so Bonsen (2016, 216), dass Schulleiterinnen und Schulleiter im Blick haben müssen, dass Lehrerinnen und Lehrer je individuelle Fähigkeiten und Stärken sowie persönliche Grenzen mitbringen – darin unterscheiden sie sich nicht von jedem anderen Arbeitnehmer. Führung im Human-Resource-Rahmen, gleich ob an Schulen oder in Wirtschaftsunternehmen, sieht die Organisation als …

> »[…] eine erweiterte Familie, zusammengesetzt aus Individuen mit Bedürfnissen, Gefühlen, Vorurteilen, Fähigkeiten und Grenzen. Aus einer Human-Resource-Sichtweise heraus ist die Schlüssel-Herausforderung, die Organisation auf die Individuen hinzuschneidern – einen Weg für Menschen zu finden, dass sie ihre Arbeit erledigt bekommen und sich dabei bezüglich sich selbst und ihrer Arbeit gut fühlen.« (Bolman/Deal 2013, 16; eigene Übersetzung)

Auf diese individuellen Gefühle, Bedürfnisse, Fähigkeiten und Präferenzen jeder einzelnen Lehrkraft muss die Schulleitung folglich bei der Gestaltung der Schule eingehen, so Bonsen (2016, 216): Dazu gehöre es auch, Partizipation und Mitbestimmung im Kollegium ebenso zu fördern wie offene Kommunikation und die Bereitschaft zuzuhören. Ferner nennt Bonsen folgende Handlungsdimension einer so ausgerichteten Schulleitung:

- »Personalentwicklung, Rekrutierung und Training neuer Kollegiumsmitglieder, Durchführen von Workshops (pädagogische Konferenzen und Tage);
- Organisationsentwicklung unter dem Anspruch der Humanisierung der Arbeit und der Steigerung der Arbeitszufriedenheit

der Lehrer/innen, Förderung von Gemeinschafts- und Zusammengehörigkeitsgefühl im Kollegium;
- Arbeit an der Verbesserung zwischenmenschlicher Beziehungen.« (Bonsen 2016, 216f.)

Hervorzuheben ist in diesem Zusammenhang, dass unter Personalentwicklung nicht die Entwicklung der Personalzusammensetzung über Einstellung und Versetzung von Lehrkräften gemeint ist, sondern die professionelle Weiterentwicklung der einzelnen Kollegin und des einzelnen Kollegen durch Fortbildung und Beratung einerseits, aber auch durch die Zuweisung von Aufgaben und Arbeitsbereichen, die dieser Weiterentwicklung förderlich sind.

Zusammen mit dem Strukturellen Rahmen scheint der Human-Resource-Rahmen derjenige zu sein, der von Schulleiterinnen und Schulleitern am stärksten berücksichtigt wird (Bonsen 2003, 218). Zudem zeigt sich:

> »In Schulen, in denen die Förderung der Partizipation in der Entscheidungsfindung und noch deutlicher ein hohes Engagement der Schulleitung für das Management der sozialen Beziehungen im Kollegium festgestellt werden konnte, findet sich eine geringere Belastung der Lehrkräfte, ein höherer gemeinsamer pädagogischer Optimismus und höhere Erwartungen an die Wirksamkeit des gemeinsamen pädagogischen Handelns sowie eine offenbar stärkere Kooperation innerhalb des Kollegiums.« (Bonsen et al. 2002, 149)

Damit kommt der Berücksichtigung des Human-Resource-Rahmens aus unserer Sicht zwar generell eine hohe Bedeutung zu – in besonderem Maße aber in Umbruchsituationen, die möglicherweise im Kollegium Überforderungs- und Belastungsgefühle oder Zweifel an der Wirksamkeit des eigenen und kollektiven Handelns auslösen. Forschungsprojekte, die die Umsetzung schulischer Inklusion untersuchen (z. B. GeSchwind in Rheinland-Pfalz: Laubenstein et al. 2015), zeigen, dass diese Möglichkeit je nach Situation der einzelnen Schule in diesem Zusammenhang besteht. Schulleiterinnen und Schulleiter sollten dies nicht außer Acht lassen und daher bei ihrem Führungshandeln unbedingt auch (!) auf den Human-Resource-Rahmen zurückgreifen.

Konkrete Anregungen und Maßnahmen, wie sich der Human-Resource Rahmen auf die Entwicklung inklusiver Schulen übertragen lässt, werden wir im *Kapitel 4* vorstellen und diskutieren (▸ Kap. 4).

2.3 Politischer Rahmen

Organisationen können nicht nur als strukturelles Gebilde oder das Zusammenwirken von Menschen mit Fähigkeiten und Bedürfnissen gesehen werden, sondern auch »als Arenen, als Wettkampf oder als Dschungel« (Bolman/Deal 2013, 16; eigene Übersetzung): In ihnen zeigen sich entgegenstehende Interessen, Menschen und Gruppen kämpfen um knappe Ressourcen sowie Macht- und Einflussbestreben. Aus dieser Sichtweise lassen sich nach Bolman und Deal folgende Annahmen ableiten:

- »Organisationen sind Koalitionen verschiedener Individuen und Interessengruppen.
- Koalitionsmitglieder haben dauerhaft Differenzen bezüglich Werten, Überzeugungen, Informationen, Interessen und der Wahrnehmung von Realität.
- Die wichtigsten Entscheidungen beinhalten die Zuweisung knapper Ressourcen – zu entscheiden, wer was bekommt.
- Knappe Ressourcen und dauerhafte Differenzen setzen den Konflikt in den Mittelpunkt der alltäglichen Dynamiken und machen Macht zum wichtigsten Vermögenswert.
- Ziele und Entscheidungen entstehen aus Vertragsabschlüssen und Verhandlungen unter wettstreitenden Stakeholdern, die für ihre jeweils eigenen Interessen kämpfen.« (Bolman/Deal 2013, 189; eigene Übersetzung)

In der Folge, so die Autoren, sei es nötig, dass Führungskräfte über politische Fähigkeiten verfügen, um eine Organisation erfolgreich zu gestalten, zu führen und sich innerhalb der Organisation Einfluss zu sichern. Das bedeutet erstens, dass eine erfolgreiche Führungskraft einen »Plan für Veränderung« entwickelt (*Agenda Setting*), der einerseits eine Vision für eine Balance der langfristigen Interessen der Schlüsselparteien und andererseits eine Strategie zum Erreichen dieser Vision bei Berücksichtigung widerstreitender innerer und äußerer Kräfte beinhaltet (Bolman/Deal 2013, 209). Zweitens sei es nötig, das politische Terrain der Organisation abzustecken (*Mapping the Political Terrain*), also, sich ein vollständiges Bild über die Einflussmöglichkeiten und Interessen der einzelnen Akteure zu machen (Bolman/Deal 2013, 211). Drittens beinhalten die politischen Fähigkeiten einer Führungskraft die Fähigkeit zu Netzwerk- und Koalitionsbildung sowie viertens Verhandlungsgeschick (Bolman/Deal 2013, 212ff.).

Führung aus Sicht des Politischen Rahmens
»Politische Führungskräfte glauben, dass Manager und Leader in einer Welt des Konflikts und knapper Ressourcen leben. Die zentrale Aufgabe des Managements ist es, die Ressourcen zu aktivieren, die benötigt werden, um für die Ziele der Abteilung oder Organisation einzutreten und zu kämpfen. Eine gute Führungskraft ist ein Anwalt und Verhandlungsführer, der politische Prozesse versteht und gut mit Konflikten umgehen kann.« (Bolman/Deal 1988, 3; eigene Übersetzung)

Dass eine politische Betrachtung der sozialen Organisation Schule zunehmend an Bedeutung gewinne, schreibt Bonsen (2003) der Wahrnehmung zu, dass »*ein gestiegener Veränderungsdruck und eine erhöhte Ressourcenknappheit beziehungsweise [die] Notwendigkeit zur Ressourcenumverteilung im Bildungswesen*« (Bonsen 2003, 171; Herv. durch die Autoren) auf die Schulen wirken würden. Aber auch die Tatsache, dass *innerhalb eines Kollegiums stets verschiedene Interessengruppen* existieren, muss gerade im Zusammenhang mit Innovationen im Bildungssystem berücksichtigt werden, sodass die Schulleitung die Aufgabe hat, »einen schulweiten Konsens bezüglich gemeinsamer Werte und pädagogischer Zielsetzungen zu fördern und aufrecht zu erhalten« (Bonsen 2003, 171). Ebenso wie in jeder anderen Organisation, würden auch in Schulen ständig neue »themen- und problembezogene Koalitionen gebildet, die sich häufig, ebenso schnell, wie sie entstehen, auch wieder auflösen« (Bonsen 2016, 217). Daher solle eine politisch orientierte Schulleitung folgende Handlungsdimensionen berücksichtigen:

- »Allianzen und Netzwerke mit zentralen Akteuren bilden;
- Konflikte und Spannungen zwischen verschiedenen Teilen des Kollegiums, Interessengruppen oder Organisationen wahrnehmen;
- sich einmischen und aktiv für spezifische Interessen einstehen;
- in Konfliktfällen zwischen verschiedenen Parteien vermitteln und Lösungen aushandeln;
- konkurrierende Interessen und Vorstellungen darüber, was zu tun ist, wahrnehmen und mit den verschiedenen Parteien verhandeln und Lösungen aushandeln;
- im Streit um die Verteilung knapper Ressourcen ebenfalls durch Verhandlungsgeschick und Entschlossenheit zwischen verschiedenen Interessen verhandeln.« (Bonsen 2016, 217)

Bonsen, Gathen, Iglhaut und Pfeiffer (2002, 123) kommen in Anbetracht der eher niedrigen Berücksichtigung des Politischen Rahmens bei Schulleitern zu der Auffassung, dass zu untersuchen sei, ob eine stärkere Berücksichtigung für die Qualität von Schulentwicklung hilfreich sei. Zudem stellt Roddy (2010) fest, dass Schulleitungen, je stärker sie sich politisch einschätzen, sich selbst als »Leader« umso erfolgreicher wahrnehmen.

Konkrete Anregungen und Maßnahmen, wie sich der Politische Rahmen auf die Entwicklung inklusiver Schulen übertragen lässt, werden wir im *Kapitel 5* vorstellen und diskutieren (▸ Kap. 5).

2.4 Symbolischer Rahmen

Die vierte Sichtweise auf Organisationen, die Bolman und Deal identifizieren, bezeichnen sie als Symbolischen Rahmen. Dieser rückt in den Mittelpunkt der Betrachtung, wenn Menschen in einer an sich chaotischen und mehrdeutigen Welt Sinn konstruieren, wobei Symbole eine zentrale Rolle einnehmen:

> »Bedeutung kommt nicht zu uns; wir erschaffen sie. Zum Beispiel gibt es viele Menschen, die der amerikanischen Flagge Referenz erweisen, und viele, die sie verbrennen. Für beide Gruppen ist die Flagge symbolisch mächtig, aber aus unterschiedlichen Gründen. Für die eine Gruppe repräsentiert sie Patriotismus, für die andere Unterdrückung und Imperialismus. Symbole sind das Ausgangsmaterial für Bedeutungssysteme oder Kulturen […].« (Bolman/Deal 2013, 244; eigene Übersetzung)

Führungskräften kommt folglich einerseits die Aufgabe zu, diese Mehrdeutigkeit von Symbolen aufzulösen, indem die ›richtige‹ Deutung vermittelt wird, andererseits Symbole zu schaffen, um für gemeinsame Visionen und Ziele zu begeistern und zu inspirieren. Damit ist dieser Rahmen deckungsgleich mit dem unter Kapitel 1.2.4 dargestellten Modell symbolischer Führung, das hier jetzt nicht noch einmal wiederholt werden soll (▸ Kap. 1.2.4).

Führung aus Sicht des Symbolischen Rahmens
»Symbolische Führungskräfte glauben, dass die grundlegende Aufgabe von Management darin besteht, Visionen und Inspiration anzubieten. Sie beziehen sich auf persönliches Charisma und einen Hang zu Drama/Theater, um in den Menschen Be-

> geisterung und Zustimmung zur Mission der Organisation zu wecken. Eine gute Führungskraft ist ein Prophet und Visionär, der Symbole nutzt, Geschichten erzählt und Erfahrungen in einer Weise rahmt, die den Leuten Zuversicht und Bedeutung vermittelt.« (Bolman/Deal 1988, 3; eigene Übersetzung)

Übertragen auf Schulleitung bedeutet dies, dass Schulleiterinnen und Schulleiter folgende Handlungsdimensionen berücksichtigen sollten:

- »Diskussion der Identität, Kultur und Symbole einer Schule;
- Thematisieren des nach außen vermittelten Bildes der Schule und Reflexion der unterschiedlichen Interpretations- und Sichtweisen schulischer Aktivitäten und Beschlüsse durch die Gemeinde und Außenstehende;
- (Wieder-)Belebung schulspezifischer Zeremonien und Rituale, Instrumentalisierung des symbolischen Stellenwertes bestehender Praktiken, Rituale oder auch Einrichtungen, Gebäude, Gegenstände und Orte (beispielsweise die symbolische Bindung an ein altes oder traditionsreiches Schulgebäude);
- Arbeit an der Entwicklung und Klärung der gemeinsamen Vision (etwa in Form eines übergeordneten Leitbildes);
- zielgerichtete Einflussnahme auf die Schulkultur;
- die eigene Vorbildfunktion annehmen und den symbolischen Stellenwert der eigenen Person und Funktion erkennen und nutzen: ›Man steht als Schulleiter/in für die Schule‹.« (Bonsen 2016, 217f.)

Konkrete Anregungen und Maßnahmen, wie sich der Symbolische Rahmen auf die Entwicklung inklusiver Schulen übertragen lässt, werden wir in *Kapitel 6* vorstellen und diskutieren (▸ Kap. 6).

2.5 Fazit zum Vier-Rahmen-Modell

Immer wieder taucht im Kontext von Schulleitung die Diskussion auf, dass Schule kein Wirtschaftsunternehmen sei und daher Führung spezifisch »pädagogisch« definiert werden müsse (vgl. z. B. Kempfert 2016). Als Beispiel sei das von Dubs (2016) angeführte Modell der »fünf Kräfte der Leadership« erwähnt. Dieses ist am Vier-Rahmen-Modell von Bolman und Deal angelehnt, umfasst aber auch eine »pädagogische Kraft«. Kempfert (2016) weist darauf hin, dass sich eine eindeutige Dichotomie zwischen Wirtschaftsbetrieb einerseits und Schule andererseits so nicht aufrechterhalten lasse, zumal auch Unternehmen nicht eine homogene Gruppe seien. Auch Bonsen (2003) argumentiert dafür, dass sich Führung in Schule allgemein auf die Führung von Mitarbeiterinnen und Mitarbeitern beziehe: Dass jede Führungskraft über ein fundiertes Professionswissen im Arbeitsbereich der jeweiligen Organisation verfügen müsse, sei vielmehr eine Selbstverständlichkeit, die keine je eigene organisationsspezifische Führungstheorie begründen könne (Bonsen 2003, 188). Vielmehr lasse sich zusammenfassen:

> »Die Entwicklung von Schule und die Verbesserung der pädagogischen Arbeit einer Schule ist nicht *ein* ›Quadrant‹ pädagogischer Führung, sondern gibt die Zielrichtung vor, auf die ein Schulleiter oder eine Schulleiterin unter Nutzung unterschiedlicher ›Brillen‹ oder ›Linsen‹ versucht, die Organisation Schule zu führen.« (Bonsen 2003, 193; Herv. i. O.)

Dieser Auffassung schließen wir uns an und halten fest, dass Führung in der Schule zunächst die Führung einer sozialen Organisation ist, deren Grundprinzipien übergreifend mit den vier Rahmen von Bolman und Deal beschrieben werden können.

Auf Basis vielfältiger Forschungsbefunde (Scheer et al. 2017) gehen wir davon aus, dass das Vier-Rahmen-Modell geeignet ist, erfolgreiches Schulleitungshandeln für schulische Inklusion zu strukturieren: Schulleitungen müssen aus unserer Sicht die Kunst des Reframing im Sinne des Vier-Rahmen-Modells beherrschen und über ein möglichst breites Handlungsrepertoire in allen vier Rahmen verfügen. So können sie je situationsadäquat entscheiden und handeln:

- Der *Strukturelle Rahmen* wird benötigt, damit die Schule ›funktioniert‹. Abläufe müssen geregelt, Aufträge und Zuständigkeiten klar strukturiert sein. Dabei bedarf es einer ständigen Anpassung der Strukturen an die Notwendigkeiten und die inneren und äußeren Rahmenbedingungen der Schule.
- Der *Human-Resource-Rahmen* wird benötigt, um innerhalb der Schule ein Klima der Kooperation und Partizipation zu schaffen, in der die Menschen arbeiten können und zugleich als Menschen mit Bedürfnissen anerkannt werden. Die Weiterentwicklung, der gezielte Einsatz und die Unterstützung der Kolleginnen und Kollegen sind für eine gute Schule unerlässlich.
- Wie in jeder Organisation herrschen auch innerhalb eines Lehrerkollegiums und einer Schulgemeinschaft unterschiedliche Ziele, Interessen, Werte und Vorstellungen. Koalitionen entstehen und lösen sich auf. Verschiedene Parteien versuchen, Einfluss zu gewinnen und einen Ressourceneinsatz für ihre Ziele zu erreichen. Die Schulleitung muss hier verhandeln und vermitteln, muss ihren Einfluss stärken, selber Koalitionen eingehen und eine Strategie für die Entwicklung und Umsetzung gemeinsamer Ziele verfolgen. Sie muss sich also auch am *Politischen Rahmen* orientieren.
- Die Umsetzung von Innovation, die Anregung von Veränderung steht mit Verunsicherung, Mehrdeutigkeit sowie der Frage nach Sinn und Inspiration im Zusammenhang. Dem *Symbolischen Rahmen* kommt aus unserer Sicht folglich gerade im Zusammenhang mit Inklusion eine große Bedeutung zu. Schulleitung muss begeistern, inspirieren, eine Vision

von Schule erzeugen. Es gilt, die Symbolik einzelner Elemente der Schule und des Schullebens herauszuarbeiten und eine Verbundenheit mit dem gemeinsamen Ziel bei den Kolleginnen und Kollegen wachzurufen.

In diesem Sinne orientieren sich die praktischen Anregungen der folgenden Kapitel an diesem Modell.

3

Strukturen schaffen für inklusive Schule: Der Strukturelle Rahmen der Führung

Der Strukturelle Rahmen der Führung (▸ Kap. 2.1) speist sich aus dem Gedanken eines effizienten Managements betrieblicher Abläufe. Die Idee, dass eine Organisation, also auch eine Schule, über ein effizientes Management verfügen muss, ist nicht spezifisch für inklusive Schulentwicklung. Jedoch lässt sich immer wieder feststellen, dass gerade gravierende Veränderungen, Innovationen oder Entwicklungsprozesse eine sprichwörtliche Krisensituation darstellen, in denen sich die Qualität der etablierten Strukturen zeigt. Schulen, in denen Abläufe klar geregelt sind, die eine stabile Struktur im (Prozess-)Management aufweisen, sind, so zeigen es die Erfahrungen, bei der Entwicklung inklusiver Unterrichtsangebote im Vorteil.

In unseren eigenen Forschungen drückt ein interviewter Schulleiter einer integrierten Gesamtschule dies wie folgt aus:

> »Und die Schwierigkeit, die ich sehe, wenn ich auch auf viele Schulen schaue, die ich kenne, ist, dass man – und das ist völlig klar, wenn man nicht vorbereitet ist – unterschätzt, wie Schulleitung durch eine gute Struktur, durch eine gute Transparenz in der Kommunikation und durch eine gute Mischung von ›ich bestimme‹ und ›demokratischer Prozess von Entscheidungen‹ dieses Schiff – was ein großes ist mit fast 1000 Menschen – irgendwo auch seriös lenken kann.« (Schulleiter einer integrierten Gesamtschule im Interview)[2]

Allgemeine Grundsätze und Werkzeuge eines effizienten Schulmanagements lassen sich gut lernen, sowohl in Fortbildungen als auch über fundierte Fachliteratur. Aus unserer Sicht bieten hier insbesondere Buchen (2016) sowie Dubs (2016, 135ff.) gut verständliche Übersichten mit praxisnahen Anleitungen. Einige Elemente effizienten Managements möchten wir in diesem Kapitel auf die Entwicklung schulischer Inklusion übertragen.

Grundlage soll dabei ein fiktives Fallbeispiel sein, das sich an den von Bonsen (2016) für den Strukturellen Rahmen aufgeführten Themenbereichen schulischen Führungshandelns entlang entwickelt.

Da im Zusammenhang mit Inklusion von Schulen in der Praxis häufig die Organisation der sonderpädagogischen Förderung bzw. des gemeinsamen Unterrichts als Herausforderung wahrgenommen wird, beschränken wir uns hier einmal auf diesen Aspekt inklusiver Schulentwicklung, ein Übertrag auf andere thematische Bereiche ist sicherlich möglich.

2 Zur besseren Lesbarkeit wurden alle Interviewzitate ohne inhaltliche Veränderung sprachlich geglättet.

Einführung in das Fallbeispiel für dieses Kapitel

Als Beispielfall nehmen wir eine integrierte Gesamtschule, die von der zuständigen Schulaufsicht damit beauftragt wird, sich zu einer »inklusiven« Schule zu entwickeln und in diesem Zuge auch Schülerinnen und Schüler mit sonderpädagogischem Förderbedarf (SFB) aufzunehmen. Die einzige inhaltliche Rahmenvorgabe ist dabei, dass diese Schülerinnen und Schüler in den regulären Klassen gemeinsam unterrichtet werden und in diesem Rahmen ihrem Bildungsgang entsprechende Angebote erhalten.

Die Schule ist in der Sekundarstufe I vierzügig mit durchschnittlich ungefähr 25 Schülerinnen und Schülern pro Klasse sowie durchschnittlich 65 Schülerinnen und Schülern pro Oberstufenjahrgang.

3.1 Ressourcen für sonderpädagogische Förderung zielgerichtet steuern

Ein wesentlicher Aspekt strukturell orientierter Schulleitung ist nach Bonsen (2016, 216) die **haushaltsbezogene Planung und Kontrolle**. Eine vollständige Budgetplanung, wie sie Dubs (2005, 183ff.) beschreibt, ist im deutschen Schulsystem nur in engen Grenzen möglich. So werden Personal- und Raumausstattung meist zentral geregelt, ebenso die Unterrichtsentlastung für Leitungstätigkeiten. Um gegenüber der Schulbehörde Argumente in der Verhandlung um Personalausstattung zu haben, ist es jedoch sinnvoll, als Schulleitung diese Berechnungsgrundlagen im Detail zu kennen. Am Beispiel der Berechnungsgrundlagen des Landes Rheinland-Pfalz[3] lässt sich der grobe Rahmen der zur Verfügung

3 Es handelt sich dabei um die der Schule rein auf den angegebenen Rechengrößen theoretisch zustehenden Ressourcen. In der Praxis bedingen

stehenden Ressourcen an sonderpädagogischem Personal für das fiktive Fallbeispiel ausführen:

Wie viel sonderpädagogisches Personal habe ich zur Verfügung?

Nimmt man als Beispiel die Berechnungsgrundlagen des Landes Rheinland-Pfalz (RLP), so könnte im Fallbeispiel folgende Personalzuweisung realistisch sein:

Nach obigen Angaben besuchen ca. 600 Schülerinnen und Schüler die Sekundarstufe I dieser Schule. Das Land berechnet für Schulen mit inklusivem Unterricht einen Sockel von 37 Wochenstunden[4] Förderschullehrkräfte sowie pro Schülerin bzw. Schüler weitere 0,2 Wochenstunden (dies wird »pauschalierte Zuweisung« genannt und löste in RLP 2010 das Modell der »Rucksackstunden« je Schülerin bzw. Schüler mit SFB ab). Es ergeben sich folglich 157 Wochenstunden Förderschullehrkräfte für die Schule. Mit einem Faktor von 1,2 können diese auch in Wochenstunden für Pädagogische Fachkräfte (Erzieher/innen, Sozialpädagog/innen) umgewandelt werden (diese haben bei voller Stelle dann 33 Wochenstunden unterrichtliche Tätigkeiten sowie bis zu 8,25 Zeit-Stunden/Woche andere Tätigkeiten zu übernehmen). Für besondere pädagogische Konzepte oder für die Lage in einem Brennpunkt können weitere Stunden hinzukommen. Im Fallbeispiel könnte das heißen: An der Schule sind vier Förderschullehrkräfte in Vollzeit und zwei mit halber Stelle (je 13,5 Wochenstunden) sowie eine Pädagogische Fachkraft mit halber Stelle beschäftigt.

Sonderregelungen und Einzelfälle teilweise Abweichungen, die von Schulen nicht immer als transparent wahrgenommen werden (vgl. Laubenstein et al. 2015, 299). Zudem hängt die tatsächliche Zuweisung immer auch vom Vorhandensein des Personals ab, was gerade infrastrukturschwache Regionen stark benachteiligt.

4 Wochenstunden hier immer als 45 Minuten gerechnet, auch bei Pädagogischen Fachkräften.

Bei der Planung des Personaleinsatzes der sonderpädagogischen Lehrkräfte gibt es dann verschiedene denkbare Vorgehensweisen:

1. Die Schulleitung ›bündelt‹ die Ressourcen, indem sie alle Schülerinnen und Schüler mit SFB je Jahrgang in einer Klasse zusammenfasst und dann die Hauptfächer soweit wie möglich mit einer Förderschullehrkraft oder Pädagogischen Fachkraft zur Unterstützung der Fachlehrkraft als Zweitbesetzung besetzt.
2. Die Schulleitung ordnet jedem Stufen- oder Jahrgangsteam gemäß schulweitem Förderkonzept sonderpädagogische Personalressourcen zu.

Variante zwei ist aus unserer Sicht die optimalere Variante, die jedoch entsprechende Ressourcen benötigt. Berücksichtigt werden muss dabei, dass es dann auch in der Tat ein schulweites Konzept der sonderpädagogischen Unterstützung geben muss, damit bei den Förderschullehrkräften nicht das Gefühl eintritt: »Wie will ich mit 6 Stunden pro Klasse sinnvoll fördern?«

Systemische Zuweisung der sonderpädagogischen Ressourcen

Die Schulleitung in unserem Beispiel entschließt sich zu einer systemischen Zuweisung der sonderpädagogischen Fachkräfte. Eigentlich erachtet sie eine Zuweisung zum Jahrgang als sinnvoll. Weil die Schule jedoch in Stufenteams mit den Stufen 5/6, 7/8 und 9/10 organisiert ist, die sich wiederum teilautonom verwalten (auch in Jahrgangsteams), weist er die Ressourcen diesen Stufen zu. Weist er jedem Stufenteam 1,5 Stellen zu, so bliebt eine halbe Stelle übrig. Da in Stufe 5/6 insgesamt ein hoher, auch präventiver Bedarf gesehen wird, zumal hier eine Festigung basaler Kulturtechniken sowie die Orientierung in dem großen System Gesamtschule für viele Schülerinnen und Schüler eine Herausforderung darstellt, fällt dieser Stufe diese verbleibende halbe Stelle sowie die halbe Stelle Pädagogische Fachkraft zu. Es ergibt sich also folgende Aufteilung:

- Stufe 5/6: zwei Förderschullehrkräfte in Vollzeit sowie eine Pädagogische Fachkraft 50 %,
- Stufe 7/8: eine Förderschullehrkraft in Vollzeit sowie eine zu 50 %,
- Stufe 9/10: eine Förderschullehrkraft in Vollzeit sowie eine in 50 %.

Damit die so zugewiesenen Ressourcen in der Organisation Schule nachhaltig wirksam werden können, kann es in einem nächsten Schritt sinnvoll sein, diese in der Organisationsstruktur der Schule zu verankern. Dies gehört zu der von Bonsen als »**Entwicklung struktureller Untereinheiten in der Schule, Aktivierung von vorhandenen Strukturen**« (Bonsen 2016, 216) beschriebenen Aufgabe von Schulleitung: Generell sind die Förderschullehrkräfte und die Pädagogische Fachkraft feste Bestandteile der Stufenteams und im Organigramm damit bereits erfasst. Dennoch verlangt die Arbeit an einem Konzept für die sonderpädagogische Unterstützung, dass bestimmte Teilbereiche, die weder stufen- noch unterrichtsfachspezifisch sind, übergreifend koordiniert werden und sich somit auch in der (Leitungs-)Struktur der Schule widerspiegeln müssen. Beispielsweise ist eine Konzeption zur Erstellung von Förderplänen nicht spezifisch für die Jahrgänge 5/6 oder 7/8 und auch nicht für das Fach Deutsch oder Mathematik. Im Fallbeispiel könnte das heißen:

Sonderpädagogische Unterstützung als eigener Bereich der Schulorganisation

Im Fallbeispiel der integrierten Gesamtschule beschließt die Schulleitung gemeinsam mit der Gesamtkonferenz, dass die Koordination der sonderpädagogischen Unterstützung einen eigenen inhaltlichen Bereich der Schulorganisation darstellt, für den es eine zentrale Koordinationsstelle sowie eine eigene Fachkonferenz braucht. Dies wird im Organigramm der Schule festgehalten. Außerdem wird festgelegt, dass die Unterbereiche

Diagnostik, Förderpläne, präventive Maßnahmen sowie (Fach-) Beratung jeweils von einer Person koordiniert werden sollen. Aus dem Pool für Anrechnungsstunden (der Schule stehen neben den Schulleitungsanrechnungsstunden weitere 23 Wochenstunden zur Verfügung), sollen 5 Wochenstunden für den Gesamtbereich zur Verfügung gestellt werden, die die Fachkonferenz auf die Bereichskoordination und die vier Unterbereiche verteilt.

Das Ergebnis dieses Einbaus in die Organisationstruktur schlägt sich im Organigramm der Schule nieder, das in unserem Beispiel wie in Abbildung 3.1 aussehen könnte. Es handelt sich bei diesem Beispiel um ein sogenanntes Stab-Linien-Organigramm, bei dem der Schulleiterin bzw. dem Schulleiter das Sekretariat, der Hausmeister und die Stellvertretung sowie einzelne Sonderaufgabenbereiche als Stabstellen außerhalb der Hierarchie zugeordnet sind (▸ Abb. 3.1). Ferner zu berücksichtigen ist, dass innerhalb eines Organigramms eine Person mehrere Funktionen innehaben kann. Deshalb sollte das Organigramm neben der Funktion auch die jeweilige Person benennen (beispielsweise werden viele Schulen nicht in der Lage sein, für jeden Unterbereich der Abteilung sonderpädagogische Förderung eine separate Lehrkraft zu beschäftigen).

Hinweis: Linien-Organisation und Stab-Linien-Organisation

Unter einer Linien-Organisation versteht man einen hierarchischen Organisationsaufbau mit (zentraler) Führungsposition sowie mit Abteilungen und Unterabteilungen, die jeweils eine eigene Leitung haben. Eine Stab-Linien-Organisation verfügt darüber hinaus über Stabstellen, die außerhalb der Hierarchie direkt der zentralen Führung zugeordnet sind.

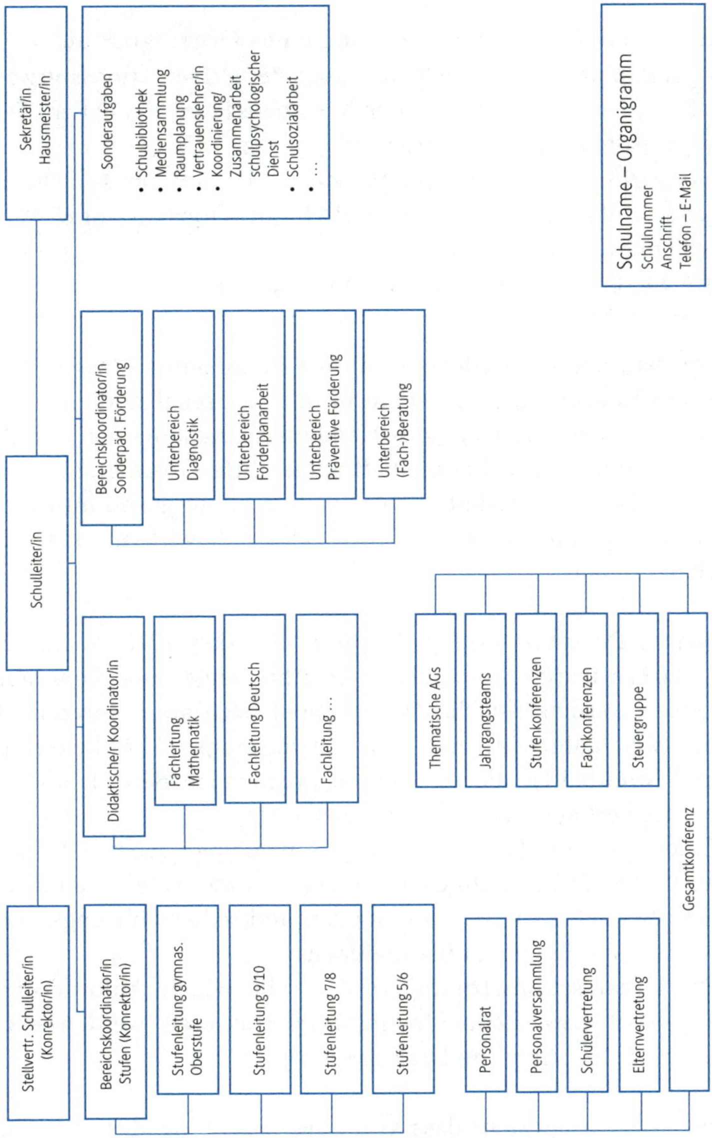

Abb. 3.1: Beispielhaftes Organigramm einer Schule mit einem eigenen Bereich für sonderpädagogische Förderung

Hinweis: Software zur Erstellung eines Organigramms
Organigramme lassen sich mit fast jeder Präsentationssoftware (z. B. OpenOffice Impress oder MS PowerPoint) erstellen. Ferner existiert das kostenfreie Programm yED (https://www.yworks.com/products/yed), mit dem sich komplexe Pfaddiagramme abbilden lassen. Spezifisch für Organigramme kann die Online-Plattform orginio (https://www.orginio.de/) genutzt werden, die für kleine Organigramme kostenfrei ist.

Unter dem Begriff »**Redesigning the Organization**« fassen Waldron und Kollegen (2011, 54) ein in ihrer Einzelfallstudie als wirksam in Erscheinung tretendes Handlungsparadigma von Schulleitung zusammen. Das beispielhaft aufgeführte Organigramm weist wesentliche Elemente auf, die vor diesem Hintergrund im Zusammenhang mit inklusiver Schulentwicklung als wirksam angesehen werden können:

1. Shared Decision Making (Hoppey/McLeskey 2013; Waldron et al. 2011): Durch den Aufbau von Abteilungen und Unterabteilungen werden Entscheidungskompetenzen auf mehreren Ebenen weit aufgeteilt, und zwar auf diejenigen Mitarbeiterinnen und Mitarbeiter, die in dem entsprechenden Bereich über Expertise verfügen (Distributed Leadership).
2. Gelegenheiten für »Teacher Leadership« geben (Hoppey/McLeskey 2013): Lehrkräfte bekommen die Möglichkeit, in einem Bereich Expertise auszubilden und selber Führungsverantwortung in diesem zu übernehmen.
3. Die Organisationsstruktur wird an die neuen Anforderungen angepasst bzw. neue Organisationsstrukturen werden entwickelt (Redesigning the Organisation).

Gleichzeitig zeigt sich, dass zwar die Beachtung der Strukturen und Ressourcen hoch bedeutsam zu sein scheint (Struktureller Rahmen), dass aber bei allen strukturellen Maßnahmen auch die personale Ebene (Personaler Rahmen) mit beachtet werden muss (Motivation durch echte Entscheidungsverantwortung, Partizipation).

Tab. 3.1: Beispielhaftes Stellen- und Aufgabenprofil für eine Bereichskoordination Sonderpädagogische Förderung innerhalb der Schule

Bereichskoordinator/in Sonderpädagogische Förderung		
Übergeordnete Stelle	**Zugeordnete Unterbereiche**	**Anrechnung**
Schulleiter/in	Diagnostik, Förderplanarbeit, Präventive Förderung, (Fach-)Beratung Sonderpädagog/innen, Förderschwerpunkt Lernen …	2 WStd.
Verwaltungsaufgaben		
◆ Einberufung und Leitung der Fachkonferenz Sonderpädagogische Förderung ◆ Koordination des Einsatzes der Förderschulkräfte und Integrationsassistent/innen ◆ Koordination der Leistungsbeurteilung und Schulabschlüsse der Schüler/innen mit SFB	◆ Koordination und Abstimmung der zugeordneten Unterbereiche ◆ Mitarbeit im Team der erweiterten Schulleitung ◆ Mitarbeit in der Steuergruppe ◆ Redaktion des Konzeptbausteins Sonderpädagogische Förderung ◆ Sammlung, Dokumentation und Weitergabe der Berichte der zugeordneten Unterbereiche	
Fachliche/inhaltliche Aufgaben		
◆ Mitarbeit am Gesamtkonzept Sonderpädagogische Förderung	◆ Fortbildungsplanung/-konzept im Bereich Sonderpädagogik	
Führungsverantwortung		
◆ unterbreitet Schuleiter/in Vorschlag zur Zuweisung der Förderschullehrkräfte zu Jahrgängen in Abstimmung mit der Fachkonferenz ◆ Kontrollfunktion für Unterbereiche (Berichtspflicht)		

Gleichzeitig erfordert Delegation von Führungs-, Leitungs- und Koordinationsaufgaben auch eine klare Regelung und Definition der Delegation (vgl. Dubs 2016, 138ff.), also eine »**Diskussion**

und Klärung von Zielen, Rollen, Erwartungen innerhalb der Schule« (Bonsen 2016, 216). Dies kann beispielsweise durch die Bereitstellung klarer Stellen- und Aufgabenprofile geschehen, wie am Beispiel in Tabelle 3.1 dargestellt (▸ Tab. 3.1).

3.2 Sonderpädagogische Förderung als schulweites Konzept strukturieren

Ein Aspekt strukturell ausgerichteter Schulleitung ist nach Bonsen die »**Implementation oder Reorganisation sowie Verdeutlichung gemeinsamer Verfahrensweisen und einer gemeinsamen Organisations- bzw. ›Schulpolitik‹**« (Bonsen 2016, 216). Auch in qualitativen Einzelfallstudien zu erfolgreichem Schulleitungshandeln im Kontext von Inklusion wird dieser Aspekt sowohl unter »redesigning the organization« als auch unter »providing high quality instruction in all settings« (Waldron et al. 2011, 56) als bedeutsam herausgearbeitet. Das bedeutet, dass sonderpädagogische Unterstützungssysteme sinnvollerweise in einem schulweiten Konzept organisiert sein sollten. Hierzu stellen wir nachfolgend verschiedene Ansätze sowohl im Bereich von Prävention/Förderung/Unterricht als auch im Bereich von Förderplanung vor.

3.2.1 Ansätze für sonderpädagogische Prävention, Förderung und unterrichtsbezogene Unterstützung

In den frühen Schulversuchen der 1980er Jahren wurde stark auf Team-Teaching in Doppelbesetzung aus Regelschullehrkraft und Förderschullehrkraft als Weg zur erfolgreichen Umsetzung des gemeinsamen Unterrichts gesetzt. Die Erfahrung der letzten Jahre zeigt jedoch, dass dies in der Fläche nicht der Realität entspricht und sich auch, zumindest derzeit, nicht als flächendeckendes Modell finanzieren ließe (vgl. hierzu z. B. Laubenstein et al. 2015).

Dementsprechend müssen Schulen sich konzeptionell auf eine Weise aufstellen, die es ihnen ermöglicht, auch mit wenigen Stunden Doppelbesetzung pro Klasse arbeiten zu können. Die nachfolgend dargestellten Ansätze könnten hierbei die Aufgaben der Förderschullehrkräfte regeln.

Förderschullehrkräfte als Berater/innen und Diagnostiker/innen

Ohne direkt in den Unterricht einbezogen zu sein, könnten Förderschullehrkräfte unterstützend tätig werden, indem sie mit diagnostischen Verfahren (Beobachtung, Lernverlaufsmessungen, Inventare, standardisierte Tests und Screenings) sowohl präventiv als auch im Verlauf der Förderung eine Entscheidungsgrundlage für Fallberatung und Förderplanung bereitstellen. Durch ein entsprechend für Diagnostik vorgehaltenes Stundendeputat könnten sie bedarfsweise und zeitlich flexibel in unterschiedlichen Klassen eine Art *diagnostischen Service* anbieten. Dies entspräche dem Kooperationsmodell »one teach, one observe« (Lütje-Klose/Willenbring 1999, 16).

Ebenso können die Förderschullehrkräfte als *Fall*beraterinnen und -berater fungieren und in dieser Rolle auch schulische Standortgespräche und kooperative Förderplangespräche (▸ Abschnitt 3.2.2) vorbereiten. Als *Fach*beraterinnen und -berater können sie ferner Hinweise zu geeigneten (Unterrichts-/Förder-) Materialien für bestimmte Schülerinnen und Schüler oder zu beeinträchtigungsspezifischen Modifikationen des Klassenraums oder Unterrichts geben. Ziel soll in beiden Fällen ein Kompetenztransfer sein, eine Art von Hilfe zur Selbsthilfe.

Förderschullehrkräfte stundenweise als Partner/innen im gemeinsamen Unterricht

Eine weitere Möglichkeit besteht darin, dass allgemeine (Grundschul-, Hauptschul-, Realschul-, Sekundarschul-, Gymnasialschul-) Lehrkräfte und Förderschullehrkräfte den Unterricht zumindest stundenweise gemeinsam organisieren und/oder gestalten. Hierfür stellen Lütje-Klose und Willenbring (1999, 16) verschiedene organisatorische Möglichkeiten vor (»one teach, one ›drift‹«, »parallel teaching«, »remedial teaching«, »station teaching«, »supplemental teaching«, »team teaching«). Da das gemeinsame Unterrichten eine Herausforderung darstellt, die stark mit Fragen der Kooperation und des Teambuilding aber auch mit Haltungen, Sympathien und Konflikten zu tun hat, sei hier auf das nachfolgende Kapitel dieses Buchs verwiesen, in dem solche Aspekte näher betrachtet werden (▸ Kap. 4).

Präventions- und Förderprogramme, Förderkurse

Ein hoch relevantes Thema im Zusammenhang mit Inklusion ist der Bereich der Prävention. Bausteine einer universellen, d. h. an alle Schülerinnen und Schüler gerichteten, Prävention (zur Systematik von Präventionsmaßnahmen vgl. Hillenbrand 2014, 186ff.) könnten z. B. im Bereich des Verhaltens[5] ein hochwertiges Classroom-Management (vgl. Nolting 2012, 25ff.) oder im Unterrichtsalltag einsetzbare vorbeugende Maßnahmen wie das KlasseKinderSpiel[6] (Hillenbrand/Pütz 2008) oder Tootling (Hintz et al. 2014; Krull/Hintz 2015) sein. Auf der Ebene der selektiven, also auf Risikogruppen bezogenen, und der indizierten, also auf Personen mit bereits auftretenden ersten Problemen bezogenen Prävention könnten dann in kleineren Gruppen gezielte Maßnahmen/Programme eingesetzt werden. Hier zeigen sich insbesondere kombinierte kognitiv-behaviorale Trainingsprogramme als effektiv (vgl. Hillenbrand 2014, 188). Beispiele für empfehlenswerte Programme wären das »Training mit aggressiven Kindern« (Peter-

5 Für andere Lern- und Entwicklungsbereiche gibt es ebenfalls eine Reihe als wirksam zu beurteilende Maßnahmen. Aufgrund der hier gebotenen Kürze beschränken wir uns auf Beispiele aus unserem ›eigenen‹ Förderschwerpunkt, der sozial-emotionalen Entwicklung.

6 Vgl. http://www.klassekinderspiel.de.

mann/Petermann 2012), das »Training mit aufmerksamkeitsgestörten Kindern« (Lauth/Schlottke 2009) und »Lubo aus dem All!« (Hillenbrand et al. 2015), wobei letzteres eher im Bereich der universellen Prävention zu verorten ist, aus unserer Sicht aber auch im Bereich der selektiven Prävention eingesetzt werden kann.

Wichtig bei allen diesen Präventionsmaßnahmen ist, dass sie schuleinheitlich stattfinden (in den Klassenstufen, für die sie entwickelt wurden), *dass das Schulkonzept also folgende Fragen beantwortet*:

- Welche Maßnahme wird in welcher Klassenstufe angeboten?
- Für welche Schülerinnen und Schüler? Wie werden diese ausgewählt/den Gruppen zugewiesen?
- Wer führt die Maßnahmen durch? Welche Fortbildungen sind dafür notwendig?
- Wie wird (möglichst objektiv) festgestellt, ob *die Kinder (!)* von der Maßnahme profitieren?

Exkurs: Trainingsraum – Bei Schulen beliebt, für den Umgang mit Verhaltensauffälligkeiten nicht empfehlenswert!
Viele Schulen greifen zur Unterbindung von Unterrichts-/Verhaltensstörungen auf ein als Trainingsraum bezeichnetes Konzept zurück (Bründel/Simon 2013). Das Konzept wirbt mit nachgewiesenem Erfolg, bei genauerer Betrachtung wird jedoch sichtbar, dass die Untersuchungen lediglich Implementationsstudien sind, die den ›gefühlten‹ Erfolg durch Einschätzung der Beteiligten erheben und keinerlei Vergleichsgruppen einbeziehen, sodass eine Wirksamkeit nicht nachgewiesen werden kann. Der wahrgenommene Erfolg kann nämlich vor allem (a) auf eine Entlastungsfunktion für Lehrkräfte und (b) auf das Gefühl »endlich etwas machen zu können« (Self-Fulfilling-Prophecy) zurückgeführt werden. Auch die Einstufung des Programms beim Berufsverband Deutscher Psychologinnen und

Psychologen erfolgt lediglich auf der niedrigsten Stufe (Qualitätsstufe 1 von 3).[7]

Aus theoretischer Sicht kann das Programm bei Schülerinnen und Schülern, die erzieherische Orientierung suchen, eine hilfreiche Unterstützung sein. Für den Bereich der Verhaltensstörungen ist das Programm aus folgenden Gründen nicht empfehlenswert:

- Es setzt eine hohe Reflexionsfähigkeit des eigenen Verhaltens voraus.
- Es setzt ein hohes Maß an Selbstregulationsfähigkeiten (exekutive Funktionen) sowie eine gut ausgeprägte sozial-kognitive Informationsverarbeitung voraus, die bei Schülerinnen und Schülern mit Verhaltensauffälligkeiten zumeist nicht vorhanden sind.
- Es liegen aus unserer Sicht keine empirischen Hinweise auf Wirksamkeit vor.

Im Zusammenhang mit Schülerinnen und Schülern mit einem Förderbedarf im Bereich der emotionalen und sozialen Entwicklung (re-)produziert dieses Programm lediglich Ausschluss, Stigmatisierung und Frustration und ist aus unserer fachlichen Perspektive somit auf keinen Fall empfehlenswert!

Ein Gesamtkonzept: Response-to-Intervention (RTI)

Insgesamt beklagen Kavale und Mostert (2003) im Zusammenhang mit Inklusion »Ströme der Ideologie, Inseln der Evidenz« (»Rivers of Ideology, Islands of Evidence«). Eines der wenigen publizierten Konzepte für die wirkungsvolle Implementierung

7 Vgl. http://www.beltz.de/fachmedien/paedagogik/buecher/produkt_produktdetails/6001-die_trainingsraum_methode.html.

sonderpädagogischer Förderung in der allgemeinen Schule stellt der Ansatz von Response-to-Intervention (RTI) dar. Dieser Organisationsrahmen setzt konsequent am Gedanken der Prävention an und vermeidet eine feste Zuschreibung von SFB zugunsten einer flexiblen Diagnostik (vgl. Huber/Grosche 2012). Das Modell setzt grundsätzlich am Gedanken der evidenzbasierten Praxis (vgl. Hillenbrand 2015) an: Unterricht und Förderung sollen sich nach diesem Postulat an Praktiken orientieren, die sich in hochwertigen wissenschaftlichen Studien als potentiell wirksam erwiesenen haben (für deren Wirksamkeit ›Evidenz‹ vorliegt). International liegt eine Vielzahl an Befunden vor, die nahelegen, dass es sich bei RTI um ein hoch wirkungsvolles Rahmenmodell zur Organisation sonderpädagogischer Förderung handelt (vgl. Huber/Grosche 2012, 316). Prävention und Förderung werden in diesem Modell auf drei Stufen ineinander ›verschachtelt‹. Diese sind in Anlehnung an Huber und Grosche (2012, 314) sowie Voß et al. (2016, 19, 28) in Abbildung 3.2 dargestellt. Wie aus der Darstellung hervorgeht, stellen die drei Stufen keine notwendigerweise voneinander getrennten Settings dar, sondern ergänzen sich gegenseitig: Schülerinnen und Schüler, die mit auf Stufe II verorteten Maßnahmen unterstützt werden, nehmen nach wie vor am Unterricht nach Stufe I teil, wie auch diejenige, die nach Stufe III unterstützt werden, ebenso nach Stufe II unterstützt werden können und in jedem Fall am Unterricht nach Stufe I teilnehmen (▸ Abb. 3.2).

Eine in Deutschland in der Praxis erprobte und wissenschaftlich evaluierte Variante des RTI-Ansatzes ist das an allen Rügener Grundschulen implementierte Rügener Inklusionsmodell (RIM) (Voß et al. 2016).

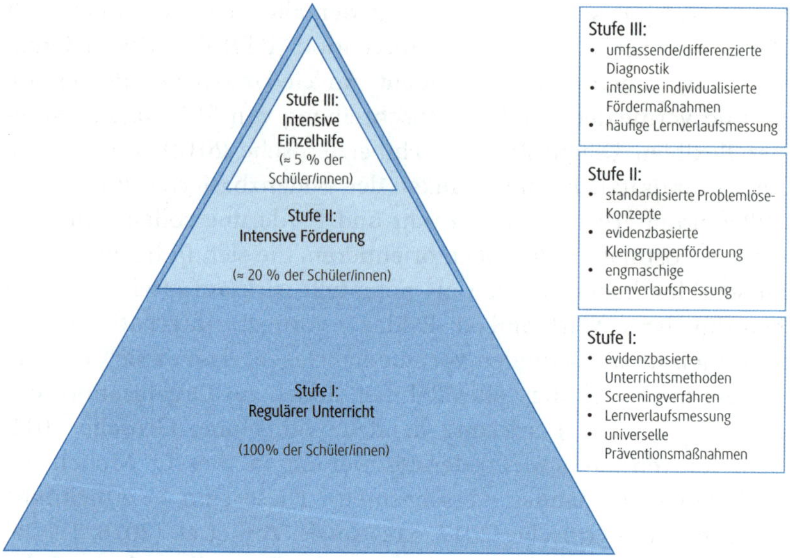

Abb. 3.2: Schematische Darstellung des RTI-Ansatzes (Abbildung erstellt nach Huber/Grosche 2012, 314; Voß et al. 2016, 19, 28)

Kritik am Response-to-Intervention-Ansatz und evidenzbasierter Praxis

Innerhalb der Sonderpädagogik:

Innerhalb der Sonderpädagogik gibt es einen starken Diskurs über die Grundannahmen einer evidenzbasierten Ausrichtung (die dem RTI-Modell zugrunde liegt). So wird vor einer Komplexitätsreduktion und Ökonomisierung des Erziehungsprozesses in Verbindung mit allzu technokratischen Machbarkeitserwartungen gewarnt (vgl. Ahrbeck et al. 2016). Zudem wird die Gefahr eines Verlusts pädagogischen Denkens bei zu einseitiger Fixierung auf ein »Evidenzparadogma« (Koch/Ellinger 2016) angemahnt. Verwiesen wird in Abgrenzung zu evidenzbasierter Förderung beispielsweise auf Konzepte, die an Beziehung

(Herz/Zimmermann 2014) und Erziehung (Müller/Stein 2014) ansetzen.

Vertreter/innen einer »Inklusiven Pädagogik«:
Vertreterinnen und Vertreter einer »Inklusiven Pädagogik«[8] kritisieren, dass »hier einem Präventionsmodell ein ›trendiges‹ inklusives Begriffsmäntelchen umzuhängen versucht« werde und dass die »extreme Ausrichtung an Tests und Standards und der Glaube an sie, zumal mit einer linearen Verbindung von Diagnostik und Förderung [...], im krassen Widerspruch zu Inklusiver Pädagogik mit ihrer Vorstellung des Lernens als aktivem, wenn nicht sogar expansivem Prozess, der Akzeptanz individueller Lernwege und der Begleitung« (Hinz 2013) stehe.

Unser Fazit:
Aus unserer Sicht sollten die Themen evidenzbasierte Praxis und RTI differenziert betrachtet werden. Der Grundansatz evidenzbasierter Praxis und damit auch des RTI-Ansatzes weisen bei einseitiger Fokussierung in der Tat pädagogische Schwächen auf. Gleichzeitig würde kaum eine Vertreterin/ein Vertreter evidenzbasierter Praxis auf pädagogische Reflexion und die pädagogische Verantwortung der handelnden Personen verzichten bzw. deren Notwendigkeit negieren wollen. Vielmehr verstehen diese die Rückkoppelung an Wirksamkeitsbelege als eine Möglichkeit für Praktiker, eine »emanzipierte Praxis« (Wember 2015, 469f.) jenseits »eminenzbasierter« (Hillenbrand 2015, 313), auf die Lehre eines großen Meisters bezogener Praxis zu entwickeln. Andererseits fehlt es an nachprüfbar erfolgreichen Alternativen, wie Schülerinnen und Schülern mit erheblichem Förderbedarf an allgemeinen Schulen die notwendige Unterstützung zuteilwerden kann. Insofern halten

8 Uns konnte bislang noch keine klare Definition vorgelegt werden, was eine »Inklusive Pädagogik« ist.

wir RTI derzeit für ein grundsätzlich in Betracht zu ziehendes ***Organisations***modell für sonderpädagogische Förderung an allgemeinen Schulen und empfehlen ebenfalls die Berücksichtigung wissenschaftlicher Evidenz für die Wirksamkeit von Unterstützungsmaßnahmen.

3.2.2 Ansätze zur Förderplanarbeit

Oftmals schreiben Bundesländer ihren Schulen bereits vor, in welchen Fällen mit Förderplänen zu arbeiten ist. Zumeist betrifft dies in jedem Fall Schülerinnen und Schüler mit zugewiesenem SFB. Aus unserer Sicht bieten sich folgende Konzepte besonders an, um die Arbeit mit Förderplänen strukturiert und dabei sowohl (zeit-)ökonomisch als auch für die Beteiligten zufriedenstellend zu gestalten.

Schulisches Standortgespräch

Für die Arbeit mit Schülerinnen und Schülern, bei denen erste Schwierigkeiten auftreten, Risikofaktoren bekannt sind oder leichtere (Lern-, Verhaltens-, Sprach-) Schwierigkeiten bestehen, eignen sich Zielvereinbarungen, die beispielsweise mit Hilfe schulischer Standortgespräche (Hollenweger/Luder 2010; Lienhard-Tuggener 2014) entwickelt werden können. Der Ablauf eines schulischen Standortgesprächs ist in drei Phasen unterteilt:

1. Auf Basis von vorab ausgefüllten kurzen Fragebögen (in zehn Sprachen übersetzt online verfügbar) sollen die Beteiligten (meist: Klassenlehrerkraft, Förderschullehrkraft, Eltern und Schülerin bzw. Schüler) ein gemeinsames Problemverständnis entwickeln und zwei Schwerpunktthemen auswählen.
2. Im gemeinsamen Gespräch werden zu den zwei Schwerpunkten Einflussfaktoren auf Seiten der Schülerin bzw. des Schülers so-

wie auf Seiten der Umwelt (Klasse, Eltern, Unterricht) gesammelt.
3. Auf dieser Basis werden Lösungsansätze/pädagogische Maßnahmen vereinbart.

Das schulische Standortgespräch ist auf den Seiten des Volksschulamts des Kanton Zürich ausführlich dokumentiert.[9] Dort finden sich auch alle benötigten Formulare und Hinweise zum Download. Ferner sind dort auch Lehrvideos (über YouTube) verlinkt, die Ablauf und Moderation demonstrieren. Zudem bietet einer der (Mit-)Entwickler des Verfahrens ergänzende Hilfestellungen und Materialien auf seiner Privathomepage an.[10]

Kooperative Erstellung und Fortschreibung von Förderplänen (KEFF)

Wesentlich intensiver, dafür im Kontext der Unterstützung von Schülerinnen und Schülern mit erheblichem Förderbedarf (alle Förderschwerpunkte) aus unserer Sicht umso ergiebiger, ist die Kooperative Erstellung und Fortschreibung von Förderplänen (KEFF, z. B.: Popp et al. 2013), die auf den Grundsätzen der Kooperativen Beratung (Methner et al. 2013; Mutzeck 2008) aufbaut.

Kooperative Förderplanung in diesem Sinne meint den gemeinsamen »Prozess des Erstellens, Umsetzens, Evaluierens und Fortschreibens individueller Förderpläne im Team« (Popp et al. 2013, 45), was beinhaltet…

- … dass *alle* an den Förderungen Beteiligte (Lehrkräfte, Fachdienste etc.) sowie das Kind/der Jugendliche selbst einbezogen sind.

---

9 Vgl. http://www.vsa.zh.ch/internet/bildungsdirektion/vsa/de/schulbetrieb_und_unterricht/sonderpaedagogisches0/ssg.html.

10 Vgl. http://www.peterlienhard.ch.

- ... dass sowohl Umsetzung als auch Evaluation der Fördermaßnahmen als *arbeitsteilig* mitgedacht sind.

Die Methode KEFF bietet ein wissenschaftlich gut evaluiertes und in vielen Schulen erfolgreich implementiertes Vorgehen an, das, eingebettet in ein theoretisch fundiertes Gesamtkonzept, sehr strukturierte, ökonomische und gut erlernbare Methoden anbietet, die für eine Darstellung im Rahmen dieser Abhandlung zu weit führen würden. Eine ausführliche praxisorientierte Einführung/Anleitung bieten Popp und Kollegen (2013), zudem finden sich rund um KEFF und Kooperative Beratung weitere Informationen auf einem aus dem Entwicklerteam heraus betriebenen Informationsportal.[11]

Wann sollte nach KEFF gearbeitet werden?
Grundsätzlich:
»Kooperative Förderplanung ist vor allem dann angezeigt, wenn viele Personen oder mehrere Professionen an der Förderung beteiligt sind, oder wenn der persönliche und/oder berufliche Belastungsfaktor mit dem Schüler als sehr hoch erlebt wird. [...] Eine Kooperative Förderplanung kann aber auch sinnvoll sein, wenn eine Lehrkraft allein bzw. die Eltern, der Schüler und die Lehrkraft keine Lösungsmöglichkeiten für aktuelle oder akute Probleme bzw. Situationen finden können.« (Popp et al. 2013, 46f.)

Einbettung in das RTI-Rahmenmodell:
In Anlehnung an Melzer (2015) kann man die Kooperative Förderplanung am ehesten in Stufe III des RTI-Ansatzes verorten, in Einzelfällen auch in Stufe II.

11 Vgl. www.kooperative-beratung.de.

Zukunftskonferenzen für den Übergang Schule-Beruf

Eine weitere Möglichkeit der Arbeit mit (Förder-)Plänen ist die Erstellung von Übergangsplänen mit Hilfe von Zukunftskonferenzen. In der Praxis eingesetzt werden diese bisher überwiegend im Förderschwerpunkt Geistige Entwicklung, lassen jedoch auch Spielraum für weitere Anwendungen. Methodische Anregungen können die Ansätze MAP (»Making Action Plans«) und PATH (»Planning Alternative Tomorrows with Hope«) bieten (vgl. Boban/Hinz 2007). Ein weiteres Schlüsselelement der persönlichen Zukunftsplanung stellen zudem »Unterstützerkreise« dar (vgl. Boban/Kruschel 2012). Unterstützung bietet das Netzwerk Persönliche Zukunftsplanung.[12]

3.3 Evaluation: Datengestütztes Entscheiden

Nicht nur in der allgemeinen Schulleitungsforschung wird die Notwendigkeit von Evaluation als Schulleitungsaufgabe beschrieben (Bonsen 2016, 216), gerade auch im Kontext schulischer Inklusion wird datengestütztes Entscheiden als ein wesentliches Kernelement wirksamer Schulleitung gesehen (Hoppey/McLeskey 2013; Waldron et al. 2011). Hierzu kommen neben Fallbesprechungen und Förderplankonferenzen für die Evaluation individueller Fördermaßnahmen auch die Evaluation von Fördermaßnahmen und Unterricht insgesamt. Eine datengestützte Entscheidung umfasst demnach folgende Aspekte:

- Evaluation der Wirksamkeit von Unterricht und Förderung; Nutzung der Ergebnisse von Lernverlaufsmessungen und Screeningverfahren.

12 Vgl. https://www.persoenliche-zukunftsplanung.eu.

- Evaluation des Unterrichts, beispielsweise in Form von Feedbackteams und kollegialer Hospitation (was als Möglichkeit der Personalentwicklung im nächsten Kapitel genauer betrachtet wird). Materialien hierfür können beispielsweise kostenfrei über das Projekt EMU (Evidenzbasierte Methoden der Unterrichtsdiagnostik und -entwicklung) bezogen werden.[13]
- Prozessevaluation des Schulentwicklungsprozesses. Als Grundlage zur Entwicklung eines Evaluationskonzepts können Qualitätsindizes herangezogen werden, wie beispielsweise der Orientierungsrahmen Schulqualität (MBWJK 2009) oder der Index für Inklusion (Booth/Ainscow 2016).

Aus Sicht des Strukturellen Rahmens ist auch hier wichtig, dass alle für Schulentwicklung relevanten Aspekte regelmäßig und vor allem im Rahmen eines schuleinheitlichen Konzepts evaluiert werden.

3.4 Informationsmanagement und Kommunikationsstrukturen im Zusammenhang mit sonderpädagogischer Förderung

Für den reibungslosen Ablauf einer Schule stellen funktionale Informations- und Kommunikationsstrukturen eine wichtige Komponente strukturell orientierter Führung dar (Bonsen 2016, 216). Im Zusammenhang mit inklusiver Schulentwicklung kommen hierbei die nachfolgenden Möglichkeiten in Betracht, die von sich inklusiv entwickelnden Schulen als hilfreich erachtet werden (vgl. Scheer, in Vorb.; Guthöhrlein et al. 2016; Laubenstein et al. 2015).

13 Vgl. http://www.unterrichtsdiagnostik.de.

3.4.1 Konferenz- und Besprechungszeiten

Schulen, die sich selbst als erfolgreich auf dem Weg zu schulischer Inklusion erleben, haben zur gemeinsamen Planung und Reflektion in den Teams zeitliche Kommunikationsstrukturen erarbeitet (vgl. Laubenstein et al. 2015), die von Schulleitungen unterstützt werden können, indem feste Besprechungs- und Teamzeiten zur Verfügung gestellt werden. Für folgende Konstellationen sollte im Stundenplan ein festes Besprechungsfenster in jedem Fall eingeräumt werden (zusätzlich zu den üblichen Besprechungen):

- Jahrgangsteams/Klassenteams,
- Fachteam sonderpädagogische Förderung (Förderschullehrkräfte und Pädagogische Fachkräfte),
- Fachkonferenz sonderpädagogische Förderung (verbindlich für Förderschullehrkräfte, offen für an der Konzeptarbeit Interessierte).

Folgende Organisationsstrukturen, die auch miteinander kombiniert werden können, bieten sich an.

Morgendlicher Jour-Fixe

An einigen Schulen, die wir im Rahmen unserer Forschungen kennengelernt haben, wird erfolgreich mit einem kurzen, morgendlichen Jour-Fixe im Lehrerzimmer vor Unterrichtsbeginn (max. 15–30 Minuten, je nach Schule) gestartet. Dies dient dazu, dass alle einen Überblick darüber haben, was an diesem Tag ansteht, ob es besondere Vorkommnisse (in den vorigen Tagen) gab und ob (z. B. bei einzelnen Schülerinnen und Schülern) irgendetwas Bestimmtes zu beachten ist. Ein solcher Jour-Fixe hat nicht nur strukturelle Bedeutung, sondern kann gleichermaßen auch einen sozialen Charakter (man sieht sich, kommt vorher/nachher bei einer Tasse Kaffee ins informelle Gespräch) aufweisen oder symbolisch die Kooperation aller Beteiligten miteinander repräsentieren.

Besprechungsnachmittag mit rotierender Struktur

Eine weitere Möglichkeit der Strukturierung bietet die Einführung eines Besprechungsnachmittags mit rotierender Struktur. Das bedeutet, dass alle Lehrkräfte an einem Nachmittag der Woche dazu verpflichtet werden, sich diesen von privaten Terminen frei zu halten. Dieser Nachmittag könnte dann in wöchentlich wechselndem Turnus folgende Struktur haben:

- Woche 1: ca. 1 Stunde Jahrgangs-/Stufenteams, dann ca. 1–2 Stunden Dienstbesprechung/Lehrerkonferenz/Gesamtkonferenz;
- Woche 2: ca. 1 Stunde Jahrgangs-/Stufenteams, dann ca. 1–2 Stunden Fachkonferenzen (inklusive Fachkonferenz Sonderpädagogik);
- Woche 3: ca. 1 Stunde Jahrgangs-/Stufenteams, dann ca. 1–2 Stunden Zeitfenster für Kollegiale (Fall-)Beratungen, Supervisionsgruppen, interne Fortbildungen, Steuergruppe oder themenbezogene Arbeitsgruppen;
- Woche 4: ca. 2–3 Stunden Zeitfenster für Jahrgangs-/Stufenteams.

Außerhalb der Reihenfolge können in diesen Zeitslots auch zentral die schulischen Standortgespräche und/oder Förderplangespräche terminiert werden (z. B. Mitte und Ende/Anfang des Schuljahres). Wichtig ist, dass die gesamte Planung möglichst für ein Halbjahr im Voraus terminiert und veröffentlicht wird.

Individuelle Zeiten für bestimmte Teamstrukturen

Auch möglich, aber wesentlich komplexer im Stundenplan zu realisieren, ist es, den Personaleinsatz zeitlich so zu strukturieren, dass einmal in der Woche alle Förderschullehrkräfte und Pädagogischen Fachkräfte einen gemeinsamen Besprechungstermin und einmal in der Woche jedes Jahrgangsteam/Stufenteam einen gemeinsamen Besprechungstermin hat.

Transparenz durch Schriftlichkeit

In unseren eigenen Forschungen bestätigt sich, worauf die Schulleitungsforschung insgesamt hinweist: Transparente Kommunikationsstrukturen sind unabdingbar für reibungslose Abläufe und vor allem für die Zufriedenheit von Mitarbeitenden. Im Zusammenhang mit Besprechungen und Konferenzen erfordert dies strikte Schriftlichkeit und die Protokollierung aller Besprechungen, idealerweise mit einer ohne großen Zeitaufwand ausfüllbaren Protokollvorlage. Ein im Rahmen unserer Forschungen interviewter Schulleiter sagt hierzu:

> »Es gibt keine Sitzung, die hier stattfindet ohne ein Protokoll. Es gibt keine Sitzung ohne eine Tagesordnung, die allen Mitarbeitenden transparent gemacht wird über das Intranet. Es gibt keine Verlautbarung oder irgendwas, was nicht alle mitbekommen […]. Aber in den Kollegien, in denen ich bisher war, gab es immer das Problem, dass es Menschen gab, die behaupteten – ob zu Recht oder zu Unrecht –, sie seien nicht informiert. Und ich glaube, das ist so ein Punkt, an dem wir hellwach sein müssen. Und wir schaffen hier in unserer Schule Struktur bzw. Transparenz über die Veröffentlichung der Protokolle aller Sitzungen und über die Weitergabe von Informationen im Intranet. Jeder, der informiert sein möchte, kann informiert sein.« (Schulleiter einer integrierten Gesamtschule im Interview)

3.4.2 Zentrale Sammlung aller relevanten Dokumente und Arbeitsmaterialien

Gerade bei der Entwicklung inklusiven Unterrichts macht es Sinn, dass bei übergreifenden Unterrichtskonzepten, wie beispielsweise dem Lernbüro (Guthöhrlein et al. 2016), binnendifferenzierte **Arbeitsmaterialien und Unterrichtsentwürfe**/Ablaufpläne zentral (z. B. auf einem Dokumentenserver) gespeichert werden, damit nicht jeder ›das Rad neu erfinden‹ muss. Zudem ist es für Lehrkräfte hilfreich, wenn für alle wichtigen Abläufe (Diagnostik, Fördermaßnahmen, Feststellung SFB, Förderplanarbeit, Ordnungsmaßnahmen …) **Ablaufdiagramme/-tabellen** mit Zeitangaben, Aufgabenbeschreibung und Zuständigkeit zentral hinterlegt sind. Ebenso sollten auch **alle relevanten Formulare** (Diagnose-, Beobachtungs- und Beurteilungsbögen, Förderplanschemata, Vorlagen für Besprechungsprotokolle ...) auf selbigem zentralen Speicher abgelegt sein.

3.4.3 Regelmäßig aktualisiertes Glossar/Kompendium

Sowohl zur Einarbeitung neuer Kolleginnen und Kollegen als auch zur transparenten Regelung von Abläufen kann es sinnvoll sein, alle wichtigen Abläufe, Rituale, Regelungen, Ansprechpartner, Themen in einer Art Glossar oder Kompendium zusammenzufassen (das stets aktuell gehalten werden muss). Eine Schule, mit der wir im Rahmen unserer Forschungen im Kontakt standen, nennt dies ihr »ABC der Schule«.

3.4.4 Inhaltlich zugeschnittene Mailinglisten

Nicht jeder Fortbildungshinweis und jede Information ist für jede und jeden gleichermaßen relevant. Es bietet sich an, für Rundmails thematische Mailinglisten anzulegen. Je nach technischer Infrastruktur können dies ›echte‹ Mailinglisten sein, an die alle Listenmitglieder mailen können, oder die Schulleitung legt sich (z. B. als Tabellen) entsprechende Verteiler an, an die sie Mails verschickt. Darüber hinaus sollten die Inhalte der Mailinglisten immer auch entsprechend zentral gespeichert werden, sodass Interessierte, die nicht Teil der Liste sind, sich eigenverantwortlich ebenfalls informieren können.

3.5 Fazit zum Strukturellen Rahmen

Der Strukturelle Rahmen stellt aus unserer Perspektive nach Sichtung der Forschungslage die zentrale Grundlage dafür dar, dass inklusive Schulentwicklung beginnen kann. Unter Berücksichtigung dieses Rahmens ist es möglich, die Organisationsstrukturen zu schaffen, die es braucht, um den Menschen an der Schule gute Arbeitsbedingungen und Möglichkeiten zu persönlichem Wachstum (Human-Resource-Rahmen) zu bieten, zielgerichtet eine Agenda für Schulentwicklung voranzubringen (Politischer Rahmen) und die Menschen an der Schule für Veränderung und für Visionen zu begeistern und sie zu inspirieren (Symbolischer Rahmen). Gleichzeitig zeigt sich, dass jede unter struktureller Perspektive ergriffene Maßnahme auch hinsichtlich der anderen Rahmen um-gedacht, um-interpretiert und auf ihre Passung zur eigenen Schule und zum eigenen Kollegium hin geprüft werden muss.

4

Mitarbeiter/innen sind Menschen: Der Human-Resource-Rahmen

Der Human-Resource-Rahmen basiert, wie bereits in der allgemeinen Darstellung in Kapitel 2 kurz skizziert wurde, auf den Annahmen der humanistischen Psychologie, d. h., es wird davon ausgegangen, dass Menschen prinzipiell nach Wachstum streben und dieses Streben durch die Erfüllung bestimmter Grund- und Wachstumsbedürfnisse reguliert wird. Oftmals veranschaulicht, obgleich nicht von Maslow selbst stammend, wird dies in der »Bedürfnispyramide nach Maslow«[14] (▸ Abb. 4.1). Vertreterinnen

14 Maslow selbst spricht lediglich von einer Hierarchie der Bedürfnisse (Maslow 1970), verwendete hierfür aber nicht die Darstellung einer Pyra-

und Vertreter der Organisationstheorien, auf die der Human-Resource-Rahmen zurückgeht, postulieren, dass Mitarbeiterinnen und Mitarbeiter insbesondere dann produktiv werden, wenn die Arbeit ihrem Bedürfnis nach Wachstum und damit verbunden der Bedürfniserfüllung im Gesamten entgegenkommt.

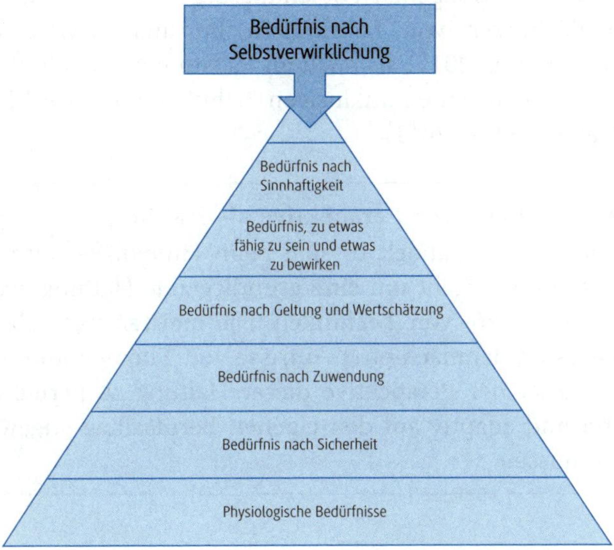

Abb. 4.1: Pyramidenförmige grafische Interpretation der hierarchischen Beziehung von Bedürfnissen nach Maslow (Übersetzung der Begriffe aus Mutzeck/Melzer 2007, 213)

Insgesamt gilt, dass die Berücksichtigung des Human-Resource-Rahmen zu den grundlegenden Aufgaben erfolgreicher Schulleitung gehört (z. B. entwicklungsorientierte Personalgespräche, kollegiale Beratung, Schaffen gesundheitsförderlicher Arbeitsbedin-

mide, da er eher davon ausgeht, dass bestimmte Bedürfnisse in bestimmten Phasen stärker in den Vordergrund, in anderen Phasen aber auch wieder in den Hintergrund rücken.

gungen, Personaleinsatz unter Berücksichtigung persönlicher Präferenzen und Fähigkeiten), wie die Dortmunder Schulleitungsstudie (Bonsen et al. 2002) aufzeigt. Im Kontext inklusiver Schulentwicklung scheint Teilaspekten dieses Rahmens jedoch noch einmal eine besondere Bedeutung zuzukommen, die wir hier gezielt aufgreifen. Dabei orientiert sich die Auswahl der Darstellung sowohl an unseren eigenen Forschungsergebnissen zu den personalen Bedürfnissen von Lehrkräften im inklusiven Unterricht (Laubenstein et al. 2015) als auch an Fallstudien zu Schulleitungshandeln an gelingenden inklusiven Schulen (Hoppey/McLeskey 2013; Waldron et al. 2011).

Die Human-Resource-Perspektive als Haltung
Im Wesentlichen handelt es sich beim Human-Resource-Rahmen aus unserer Sicht um eine grundlegende Haltung, weniger um ein Repertoire von Techniken. Die meisten nachfolgenden Hinweise sind demnach eher Aufrisse von Themen und Aspekten, die unter der Perspektive dieser Haltung zu berücksichtigen sind und adaptiv auf den eigenen Berufsalltag angewendet werden müssen.

4.1 Shared Leadership, Kooperation und professionelle Personalentwicklung

In einer qualitativen Fallstudie arbeiten Waldron und Kollegen (2011) heraus, dass erfolgreiche Schulleitung für inklusive Schulentwicklung unter anderem folgende Merkmale erfüllen solle:

- In Entscheidungsprozesse wird das gesamte Kollegium transparent (!) mit einbezogen, sodass ein gemeinsames Ziel, eine gemeinsame Vision entwickelt werden kann. Durch die echte (!)

Delegation von Entscheidungskompetenz kann die Motivation der Lehrkräfte gesteigert werden (Waldron et al. 2011, 55).

- Durch den Aufbau des Kollegiums als eine »professional learning community« wird sowohl die professionelle Weiterentwicklung des Einzelnen gestützt, es werden dadurch aber auch die Arbeitsbedingungen insgesamt verbessert (Waldron et al. 2011, 55). Auch die Unterstützung durch effizientes Ressourcen-Management und das Feiern jedes einzelnen Erfolgs unter Berücksichtigung jeder/jedes Beteiligten erscheint von hoher Bedeutung (Waldron et al. 2011, 56).
- Die professionelle Weiterentwicklung von Lehrkräften kann durch gegenseitige Hospitationen und durch die gemeinsame Kooperation im Unterricht gestützt werden (Waldron et al. 2011, 57).

4.2 Sorgen für und Investieren in die Lehrkräfte, Abfedern externen Drucks

Eine weitere Fallstudie einer als erfolgreich inklusiv arbeitenden Schule (Hoppey/McLeskey 2013) beschreibt ebenfalls ein Schulleitungshandeln, dass dem Human-Resource-Rahmen Bedeutung beimisst:

- Unter der Überschrift »Sorgen für und investieren in die Lehrkräfte« (Hoppey/McLeskey 2013, 248ff.) wird beschrieben, dass die Schulleitung dieser Schule (a) Vertrauen in ihre Mitarbeiterinnen und Mitarbeiter zeigt, (b) auf deren Ideen, Bedenken und Probleme achtet und (c) alle Mitarbeiterinnen und Mitarbeiter fair behandelt.
- Der Schulleiter der untersuchten Schule unternimmt alles, um Druck von außen vom Kollegium abzufedern (Hoppey/McLes-

key 2013, 250ff.), nutzt Instrumente des datengestützten Entscheidens und der Accountability[15] in einer Lesart, die der gemeinsamen partizipativen Entwicklung von Schulentwicklungszielen dienen. Auch (politische) Maßnahmen der Netzwerkbildung nutzt er, um in der Kommune Wertschätzung für die Arbeit seines Kollegiums zu erzeugen und so Druck durch kommunale Stakeholder zu vermeiden.

- Der Schulleiter unterstützt das persönliche und professionelle Wachstum seiner Lehrkräfte (Hoppey/McLeskey 2013, 252f.), indem er einerseits nach Möglichkeiten für professionelle Weiterentwicklung sucht (Coaching- und Mentoring-Angebote sowie Fortbildungskurse, die die Bedarfe der Schule mit den Bedarfen der Lehrkräfte in Einklang bringen) und andererseits Möglichkeiten für »Teacher Leadership« (Delegation echter Entscheidungskompetenz ▸ Kap. 3) bietet.

4.3 Die Herausforderung für inklusiven Unterricht: (Team-)Kooperation

Dass Kooperation zwischen Lehrkräften bzw. zwischen allen Beteiligten im inklusiven Unterricht eine wichtige Gelingensbedingung darstellt, ist in der Literatur unbestritten (Arndt/Werning 2013; Lütje-Klose/Urban 2014a, 2014b; Schwager 2011; Wember 2013). Wember (2013) stellt dazu fest:

---

15 »Accountability«-Politik: In den USA hängen staatliche Zuschüsse für (staatliche) Schulen teilweise von den Ergebnissen der Schülerinnen und Schüler in landesweiten Tests ab, d. h., die Schulen werden für den Lernerfolg der Schülerinnen und Schüler in die (finanzielle) Verantwortung genommen.

> »Lehrkräfte der Allgemeinen Schule und Lehrkräfte für sonderpädagogische Förderung müssen in der inklusiven Schule nicht nur zusammen arbeiten, sondern auch zusammenarbeiten.« (Wember 2013, 383)

In unserem Forschungsvorhaben zu Schulleitung im Kontext inklusiver Schulentwicklung zeigt eine Schulleiterin die Notwendigkeit gelingender Kooperation daran auf, dass diese eine Voraussetzung für den Erhalt von Lehrergesundheit sei:

> »Und wir alle wissen, dass Kooperation das Zauberwort ist. [...] Irgendwann kommen auch Einzelkämpfer nicht mehr klar. Und oft entstehen dann Krankheit und Burnout oder totale Hilflosigkeit: Ich kann nicht mehr. Deshalb müssen wir einfach sehen, dass wir uns gesund halten und trotzdem sagen: ›Das lohnt sich hier, gemeinsam an Schule zu arbeiten‹. Denn wir müssen das ja ein Leben lang machen.« (Schulleiterin einer Realschule Plus im Interview)

Intra- und Interprofessionelle Kooperation
Während unter Intraprofessioneller Kooperation die Kooperation zwischen Mitgliedern derselben Profession (Regelschul- und Förderschullehrkräfte gehören der Profession »Lehrer/in« an) zu verstehen ist, bezeichnet Interprofessionelle Kooperation die Kooperation zwischen Mitgliedern verschiedener Professionen, z. B. zwischen Lehrkräften und Sozialpädagoginnen und -pädagogen (Lütje-Klose/Urban 2014b).

In Anlehnung an die Theorie integrativer Prozesse (Reiser et al. 1986a, 1986b) beschreiben Lütje-Klose und Urban (2014a, 114) fünf Ebenen kooperativer Prozesse, die miteinander in Wechselwirkung stehen:

- individuelle Ebene (Einstellungen, Bereitschaften und Kompetenzen);
- interaktionelle Ebene (Pädagogische Beziehungen und Kommunikationsprozesse);

- Sachebene (Innenstruktur des inklusiven Unterrichts und des schulischen Unterstützungsangebots);
- institutionelle Ebene (Rahmenbedingungen und kooperative Strukturen innerhalb der Schule).

Der Bezug zu diesen vier Ebenen macht deutlich, dass Kooperation in der inklusiven Schulentwicklung nicht beschränkt ist auf gemeinsames Unterrichten (häufig fälschlicherweise mit »Teamteaching« gleichgesetzt), sondern eben auch die Kooperation, gegenseitige Unterstützung und Beratung im Schulentwicklungsprozess umfasst. Grundlegende Bedingungen für zwei Bereiche der Kooperation (Unterricht und Team) sowie Möglichkeiten der Unterstützung durch die Schulleitung werden nun kurz skizziert. Weitergehend sei auf drei sehr praxisorientierte Fachaufsätze verwiesen, die gut als Hilfe herangezogen werden können (Lütje-Klose/Urban 2014a, 2014b; Lütje-Klose/Willenbring 1999).

4.3.1 Kooperation auf Unterrichtsebene

Im Sinne der genannten Ebenen in der Theorie integrativer Prozesse beschreibt Wember (2013) Kongruenz als wichtiges Merkmal des Gelingens von Kooperation im inklusiven Unterricht:

> »Gelingt es den Beteiligten, die persönlichen Bedürfnisse, die sachlichen und organisatorischen Anforderungen und die zwischenmenschliche Beziehung so aufeinander abzustimmen, dass sie zueinander passen, vielleicht sogar einander tragen? Das ist leichter gesagt als getan, denn Lehrerinnen und Lehrer kooperieren fast immer unter großem und akutem Handlungsdruck. Sie müssen schnell und spontan weitreichende Entscheidungen treffen, zugleich sind ihre Handlungsmöglichkeiten institutionell eingeschränkt und rechtlich reguliert.« (Wember 2013, 383f.)

Herausfordernd ist das Schaffen einer solchen Kongruenz als Basis für Zusammenarbeit zudem auch deshalb, weil das gemeinsame Unterrichten ein hohes, für Lehrkräfte zuweilen ungewohntes Maß an Intimität beinhaltet: »Es gibt nicht nur Zeugen für besonders gelungenen Unterricht, sondern auch für schlechte Vorbereitungen, für das Scheitern, für Müdigkeit und Ungerechtigkeit« (Schwager 2011, 97). Zudem werden an die beteiligten Lehrerinnen und Lehrer hohe Anforderungen hinsichtlich der Interaktionsfähigkeit gestellt (vgl. Lütje-Klose/Willenbring 1999, 12; Schwager 2011, 97). Daraus ergibt sich in der Summe, dass Kooperation im inklusiven Unterricht nicht »vom Himmel« fällt (Lütje-Klose/Willenbring 1999), sondern erarbeitet werden und sich in Stufen entwickeln muss.

Stufen der Zusammenarbeit zwischen Regelschul- und Förderschullehrkräften

Lütje-Klose und Willenbring (1999, 12) sowie Lütje-Klose und Urban (2014a, 116f.) beschreiben mittels des Stufenmodells von Marvin (1990) vier Abstufungen der Zusammenarbeit zwischen Regelschul- und Förderschullehrkräften, die durch steigende Anforderungen an gegenseitige Wertschätzung und gegenseitiges Vertrauen gekennzeichnet sind:

- *Stufe 1: Co-Activity*
  Auf der untersten Stufe der Zusammenarbeit findet (mit ähnlichen Arbeitsbereichen) ein Nebeneinander-Her-Arbeiten statt. Die Personen arbeiten getrennt voneinander und tauschen sich nicht oder kaum untereinander aus.
- *Stufe 2: Cooperation*
  Es finden Absprachen über Stundenpläne und grundsätzliche Zielrichtungen statt. Um eigene Anschauungen und Meinungen offen zu legen, fehlt noch das Vertrauen. Gemeinsamer Unterricht auf dieser Stufe heißt noch nicht, dass dieser auf grundsätzlichen Einigungsprozessen über »spezifische Notwendigkeiten für einzelne Schülerinnen und den Beitrag der einzelnen Pädagoginnen« (Lütje-Klose/Willenbring 1999, 12) basiert.

- *Stufe 3: Coordination*
  Auf dieser Stufe werden auf Basis beginnenden Vertrauens klare Absprachen über Verantwortlichkeiten im Förderprozess getroffen, jede und jeder Beteiligte hat klare Verantwortungsbereiche. Es finden auch gemeinsame Aktivitäten statt, jedoch noch keine Austauschprozesse über die jeweilige Rolle im Prozess.
- *Stufe 4: Collaboration*
  Die vierte und in der Umsetzung anspruchsvollste Form der Zusammenarbeit ist die Kollaboration. Sie »ist gekennzeichnet durch eine grundlegende Übereinstimmung in den Werten und Zielen der Pädagoginnen, verbunden mit einem hohen Maß an gegenseitigem Vertrauen und Respekt« (Lütje-Klose/Willenbring 1999, 12).

Diese Stufe der Zusammenarbeit wird von den Autorinnen als höchste und anzustrebende Form angesehen. Konkret wird die Zusammenarbeit dabei wie folgt beschrieben:

»Beide Pädagoginnen bringen ihre spezifischen Fähigkeiten situationsabhängig und flexibel ein und übernehmen bzw. übergeben dementsprechend die Führung *(›situational leadership‹)*. Die Rollen von Regel- und Sonderpädagogin sind nicht mehr streng abgegrenzt, sondern überschneiden sich in der Arbeit auf das gemeinsame Ziel hin.« (Lütje-Klose/Willenbring 1999, 12, Herv. i. O.)

In der Folge kann es auch nicht nur »das gemeinsame Unterrichten« oder »Teamteaching« als Kooperationsform im inklusiven Unterricht geben. Vielmehr lassen sich (je nach Darstellung) sechs bis sieben Formen der unterrichtlichen Kooperation identifizieren (Lütje-Klose/Urban 2014a, 2014b; Lütje-Klose/Willenbring 1999; Marvin 1990; Wember 2013), die in Abbildung 4.2 visualisiert sind (► Abb. 4.2). Wember (2013, 384f.) unterteilt diese noch einmal nach der Häufigkeit des Auftretens in der Praxis. Zusammenfassend lässt sich dazu sagen:

> »Keines der sechs typisierend unterschiedenen Modelle dürfte geeignet sein, als alleiniges Modell für die Zuweisung von Aufgaben und Zuständigkeiten zu dienen. Wer sich neu auf den Weg begibt, kann versuchen, zunächst weniger anspruchsvolle Formen des kooperativen Unterrichts zu realisieren, mit zunehmender Erfahrung und zunehmendem Vertrauen werden die kooperierenden Lehrerinnen und Lehrer vermutlich zu anspruchsvolleren Organisationsformen übergehen.« (Wember 2013, 385)

Strukturelle Schwierigkeiten für erfolgreiche Kooperation werden vor allem in einem Mangel an (a) gemeinsamer Zeit im Unterricht und (b) Zeit und Raum für gemeinsame Reflexion, Planung etc. gesehen (Arndt/Werning 2013; Laubenstein et al. 2015; Schwager 2011) sowie in nicht adäquaten Fortbildungsmöglichkeiten und institutionellen Strukturen (Schwager 2011).

Aus den bisherigen Forschungsbefunden zu inklusiver Schulentwicklung lassen sich Ableitungen treffen, wie Schulleitung Kooperation im Unterricht unterstützen kann. Diese Möglichkeiten finden sich in großen Teilen auch in der Schulleitungspraxis erfolgreicher Schulleiterinnen und Schulleiter (Scheer, in Vorb.).

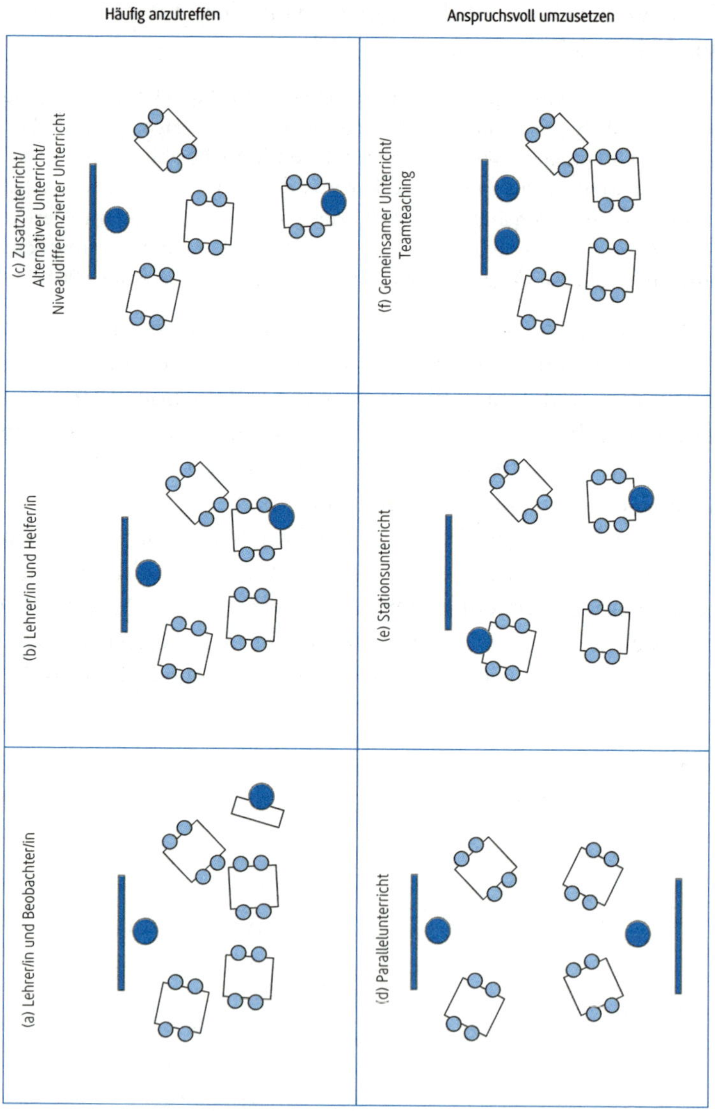

Abb. 4.2: Formen unterrichtlicher Kooperation (Lütje-Klose/Urban 2014a, 2014b; Lütje-Klose/Willenbring 1999; Marvin 1990; Wember 2013), von (a) bis (f) in Komplexität und Anforderungsniveau aufsteigend

Unterrichtliche Kooperation als Schulleiter/in unterstützen

Aus unserer Sicht bedeutet die Kenntnis unterschiedlicher Kooperationsformen durch Schulleitung, dass unverhältnismäßige Erwartungen von den Lehrkräften abgewendet und flexibel, entsprechend des jeweiligen Entwicklungsstandes der Schule, auf aktuelle Umsetzungsmöglichkeiten reagiert werden kann. So werden persönliche Präferenzen und Fähigkeiten der einzelnen Kollegiumsmitglieder berücksichtigt, die sich dann – ohne Druck – kontinuierlich weiter entwickeln können.

Folgende Möglichkeiten bewähren sich aus unserer Sicht in der Praxis, um unterrichtliche Kooperation von Lehrkräften zu unterstützen:

- konstante Klassen-/Jahrgangsteams bilden, die sich über einen langen Zeitraum als Team entwickeln können;
- die Einteilung der Teams nach klaren Kriterien gestalten, die idealerweise vom gesamten Kollegium entwickelt und getragen werden. Dabei unbedingt Neigungen und Bedürfnisse der Lehrkräfte einbeziehen, möglichst auf Freiwilligkeit achten in der Form, dass die Personen ›zusammenpassen‹ müssen;
- in der Schule einen Konsens entwickeln, welche Fächer in welchem Umfang doppelt besetzt sein sollten, die genaue Zeitplanung aber den Teams überlassen;
- Zeit für eine sinnvolle Aufteilung von Außendifferenzierungsmaßnahmen und gemeinsames Unterrichten zur Verfügung stellen;
- Stundenpläne so abstimmen, dass ausreichend Besprechungs-/Planungs-/Reflexionszeiten zur Verfügung stehen;
- Möglichkeiten für gemeinsame Fortbildungen bieten;
- Team-Supervision ermöglichen;
- einige Schulleitungen ermöglichen neu gebildeten Jahrgangsteams zum Einstieg eine Art Klausurfahrt.

4.3.2 Kooperation und Teamentwicklung als Teil der Schulentwicklung: Professionelle Lerngemeinschaft

Diese Auflistung zeigt, dass inklusiver Unterricht eine Entsprechung auf schulstruktureller Ebene braucht, wie auch das vorangegangene Kapitel bereits zeigte (▶ Kap. 3). Hierzu schreiben Lütje-Klose und Urban (2014a):

> »Dieser umfangreiche Veränderungsprozess muss in den Schulen systematisch und gemeinsam gestaltet werden. Erfolgreich etablierte Teamarbeit ist dadurch gekennzeichnet, dass sich Lehrerinnen und Lehrer selbst als Lernende verstehen, mit dem Ziel, die Qualität ihres eigenen professionellen pädagogischen Handelns in der Gemeinschaft weiterzuentwickeln.« (Lütje-Klose/Urban 2014a, 118)

Dabei orientieren sie sich in der Ausführung an dem Begriff der professionellen Lerngemeinschaft. Zur Beschreibung solcher professioneller Lerngemeinschaft nennt Rolff (2016) zwei Auflistungen deskriptiver Kriterien, was eine professionelle Lerngemeinschaft auszeichne (▶ Tab. 4.1). Und mit dieser Beschreibung schließt sich inhaltlich der Kreis von der Team-/Kooperationsentwicklung zurück zu den ersten Aspekten dieses Kapitels: Die in der Tabelle aufgelisteten Kriterien spiegeln ziemlich klar wesentliche Aspekte wider, die auch in den Untersuchungen von Waldron et al. (2011) sowie Hoppey und McLeskey (2013) für gelingende Schulleitung im Kontext von Inklusion herausgearbeitet wurden. Damit wird deutlich, dass unter Beachtung des Human-Resource-Rahmens die verschiedenen Aspekte von Teamentwicklung und Personalentwicklung ineinandergreifen und sich aufeinander beziehen.

Weiterführend die Aspekte der Team- und Personalentwicklung zu vertiefen, würde hier zu weit führen. Hier sei auf die entsprechenden Beiträge im Handbuch »Professionswissen Schulleitung« (Buchen/Rolff 2016), auf Rolff (2016), Schley (1998) sowie Buhren und Neumann (2016) verwiesen.

Tab. 4.1: Beschreibung professioneller Lerngemeinschaften bei Rolff (2016, 122f.)

Kriterien nach ...	
Hord (1997, 2004)	**Newman (1994) sowie Kruse et al. (1995)**
• unterstützende und gemeinsam geteilte Führung • geteilte Werte und Vision • gemeinsames Lernen und Anwendung des Gelernten • unterstützende Rahmenbedingungen • gemeinsam geteilte Praxis	• reflektierender Dialog • Deprivatisierung der Praxis • gemeinsamer Fokus auf das Schülerlernen • Zusammenarbeit/Kooperation • gemeinsam geteilte Normen und Werte

5

Agenda für Inklusion ›durchsetzen‹ – aber strategisch! Die Perspektive des Politischen Rahmens

Der politische Führungsrahmen (▸ Kap. 2.3) beinhaltet zum einen, dass eine Führungskraft eine strategische Agenda im Kopf hat und diese so verfolgt und dass langfristig widerstreitende Interessen innerhalb der Organisation ausgeglichen und in Balance gehalten werden (Agenda Setting; Bolman/Deal 2013, 209). Zum anderen, so Bolman und Deal (2013, 211ff.), müsse eine Führungskraft einen guten Überblick über das »politische Terrain« (S. 211) haben (Mapping the Political Terrain) und in der Lage sein, zielführend Netzwerke und Koalitionen einzugehen (Networking and Building Coalitions) sowie gute Lösungen zwischen verschiedenen

Interessensgruppen, bei Konflikten und bei der Ressourcenzuteilung auszuhandeln (Bargaining and Negotiation).

In unseren eigenen Forschungen äußert sich insbesondere eine Schulleiterin sehr prägnant in dieser Richtung (Scheer, in Vorb.), wie in Tabelle 5.1 sichtbar wird. Dabei werden alle vier Facetten »politischer Kompetenzen« deutlich, und es zeigt sich, was diese für Schulleitungshandeln (im Kontext schulischer Inklusion) bedeuten kann. Wir werden mögliche Wege zur Win-Win-Lösung nun durch Übertragung einiger konkreter Ratschläge von Bolman und Deal auf diesen Themenkomplex weiter verdeutlichen.

Tab. 5.1: Der Politische Rahmen im Interview mit einer Schulleiterin

Bereich	Textsegment	Kommentar
Agenda Setting	»Wirklich Schritt für Schritt. Das können sie nicht als Glocke drüber setzen: ›Und du machst das mal‹.«	Im Kontext dieser Aussage bezeichnet die Schulleiterin ihr Vorgehen als »gradualistisch« und bezieht sich auf ihr politikwissenschaftliches Studium.
Mapping the Political Terrain	»Also es gibt Mitarbeitergespräche, Fachleitungen und so weiter, aber […] als Schulleiter dürfen sie sich nie hier in dem Raum vergraben. Da kriegen sie nichts mit.«	Schulleitung muss wissen und mitbekommen, was an der Schule vor sich geht.
	»Da muss man natürlich drauf eingehen und man muss schon so ein bisschen Mäuschenstimmung haben – die Ohren spitzen – dass man frühzeitig auch Gegenströmungen erkennt gegen Vorhaben. Ich habe 70 Beschäftigte etwa und das sind auch manchmal 70 Einzelunternehmer.«	Bolman und Deal (2013, 211) fassen unter diesem Aspekt auch das Antizipieren möglicher Gegenstrategien.

Tab. 5.1: Der Politische Rahmen im Interview mit einer Schulleiterin – Fortsetzung

Bereich	Textsegment	Kommentar
Netzwerke und Koalitionen bilden	»Wichtig ist zum Beispiel meine Schulaufsicht. Die geht viele Schritte auch mit, wo ich sage: ›Das machen wir und das probieren wir aus‹. Dass wir da auch unterstützt werden. Da bin ich sehr zufrieden mit.«	Auch externe Partner werden als Netzwerk/Allianz in Betracht gezogen.
	»Manche sind sehr offen und andere schreien jetzt um Hilfe. Und dann habe ich hier einen guten Leiter der Fachkonferenz […].«	Interne Akteure, die ähnliche Ziele verfolgen, werden identifiziert.
Lösungen aushandeln	»Sie müssen mit dem Träger verhandeln.«	Um Ressourcen verhandeln.
	»Und wenn vielleicht mal etwas kritisch geworden ist, dann müssen sie viel Kommunikation betreiben und Win-Win-Situationen schaffen, um wieder weiterarbeiten zu können.«	Win-Win-Lösungen zwischen Interessensgruppen/Konfliktparteien aushandeln.

Hinweis:
Die Umsetzung schulischer Inklusion ist eine Initiative, die in Schulen als eine perspektivisch starke Veränderung dessen wahrgenommen wird, was man selbst bislang als ›Schule‹ kannte und definierte. Zudem ist das Thema emotional hoch aufgeladen und wird kontrovers diskutiert. Da davon auszugehen ist, dass diese Kontroverse nicht vor dem Lehrerzimmer haltmacht, wäre es als Schulleitung aus unserer Sicht fatal, den Politischen Rahmen von Führung in diesem Kontext außer Acht zu lassen.

5.1 Verschaffen Sie sich einen Überblick über das »politische Terrain« Ihrer Schule

Dieser erste wichtige Schritt bezeichnet eine Fähigkeit, deren Notwendigkeit Bolman und Deal sehr anschaulich illustrieren:

> »Es ist töricht sich in ein Minenfeld zu stürzen, ohne zu wissen, wo die Sprengsätze verdeckt liegen, dennoch machen Manager dies unabsichtlich immer wieder. Sie starten eine neue Initiative mit wenig oder keiner Anstrengung, das politische Gebiet zu erkunden und zu meistern.« (Bolman/Deal 2013, 211)

Sie beschreiben sodann angelehnt an Pichault (1993) vier Schritte, um diesen Kapitalfehler zu umgehen (Bolman/Deal 2013, 211):

1. Bestimmen Sie die Kanäle informeller Kommunikation.
2. Identifizieren Sie Hauptakteure mit politischem Einfluss.
3. Analysieren Sie Möglichkeiten, interne und externe Player zu aktivieren.
4. Antizipieren Sie Gegenstrategien, die andere möglicherweise ergreifen könnten.

Schulleitung bedeutet demnach, sich nicht im Büro einzuschließen, wie es die eingangs zitierte Schulleiterin formuliert. Ihr Ziel ist es, in jeder Pause im Lehrerzimmer zu sein, viel auf den Fluren unterwegs zu sein und im Vorbeigehen Gespräche zu führen. Man müsse, so sagt sie, ein bisschen eine »Mäuschenstimmung« haben, um mitzubekommen, was in der Schule vor sich geht.

In diesem Sinne ist es für eine Schulleitung aus unserer Sicht essentiell, sich selbst regelmäßig (und ggf. themenbezogen) die Fragen aus Kopiervorlage 5-1 zu stellen.

Kopiervorlage 5-1

Kanäle informeller Kommunikation identifizieren

1. Welche Kolleginnen und Kollegen sind privat befreundet?
2. Wer sitzt im Lehrerzimmer häufig mit wem zusammen?
3. Welche Kolleginnen und Kollegen verbringen die Pausenaufsicht häufig miteinander?
4. Wer bespricht welche Themen wann mit wem?
5. Auf welchen Wegen verteilen sich Informationen (und ggf. Gerüchte) in der Schule?
6. Lassen sich Stellen im informellen Kommunikationsfluss identifizieren, an denen bei der Weitergabe Details (a) verloren gehen, (b) besonders hervorgehoben werden oder (c) hinzukommen?
7. Wo im Kollegium entstehen Gerüchte und wie?

Hauptakteure mit politischem Einfluss identifizieren

1. Wer im Kollegium verfügt über die Möglichkeit, andere durch die Verschaffung von Vorteilen/Privilegien zu belohnen und wie?
2. Wer im Kollegium verfügt über die Möglichkeit, durch den Entzug von Vorteilen/Privilegien zu bestrafen?
3. Wer im Kollegium verfügt über einen Expertenstatus, der ihm bezüglich bestimmter Sachverhalte eine Definitionsmacht verleiht?
4. Wer kann aufgrund formaler Positionen und Rollen welche Entscheidungen treffen und verfügt in diesen Fragen über Einfluss?
5. Wer im Kollegium ist eine „Identifikationsfigur" für andere? Zu wem sehen andere Kollegiumsmitglieder auf?
6. Wer hat die Möglichkeit, in den Informationsfluss einzugreifen und durch (Nicht-)Weitergabe von Informationen Einfluss auszuüben?

Möglichkeiten, interne und externe Akteure zu mobilisieren

1. Wen können Sie im Kollegium für Ihr Vorhaben gewinnen? Wer könnte aufgeschlossen gegenüber der Neuerung sein?
2. Wie können Sie dafür sorgen, dass einflussreiche Kollegiumsmitglieder Ihr Vorhaben in das Kollegium tragen/dafür werben/dieses unterstützen?
3. Welche wichtigen externen Akteure (Schulträger, Schulaufsicht, Elternvertretung etc.) können Sie aktivieren, Ihr Vorhaben zu unterstützen?
4. Wer im Kollegium ist mit solchen externen Akteuren vernetzt und könnte auf diesem Weg Ihr Vorhaben stützen (oder schädigen)?

Mögliche Gegenstrategien antizipieren

1. Wer könnte Ihrem Vorhaben positiv gegenüberstehen und wer ablehnend?
2. Worauf würde sich die Ablehnung stützen?
3. Welche Möglichkeiten hätten die jeweiligen Personen, gegen Ihr Vorhaben vorzugehen? Welche davon sind wahrscheinlicher, welche unwahrscheinlicher?

Quelle: Scheer, D. & Laubenstein, D. (2018). Schulische Inklusion entwickeln. Arbeitshilfe für Schulleitungen. Stuttgart: Kohlhammer.

In einem nächsten Schritt ist es hilfreich, sich anhand der Antworten auf diese Fragen eine grafische »Landkarte« anzulegen. Beispielsweise können Sie dafür das Muster aus Kopiervorlage 5-2 verwenden: Kopieren Sie das Diagramm je nach Vorliebe auf A4 oder A3 und zeichnen Sie alle (für das von Ihnen anvisierte Thema) relevanten Akteure passend ein. Die Position auf der waagrechten Achse zeigt, für wie aufgeschlossen für Veränderungen hinsichtlich des von Ihnen anvisierten Themas Sie den jeweiligen Akteur einschätzen. Die Position auf der senkrechten Achse gibt an, wie hoch Ihrer Ansicht nach die Einflussmöglichkeiten des jeweiligen Akteurs innerhalb der Schule sind.

Zusätzlich können Sie in das Diagramm noch über Pfeile, Markierungen etc. Anmerkungen zu Beziehungen zwischen den Akteuren eintragen.

Kopiervorlage 5-2

Quelle: Scheer, D. & Laubenstein, D. (2018). Schulische Inklusion entwickeln. Arbeitshilfe für Schulleitungen. Stuttgart: Kohlhammer.

Beispiel für eine »politische Landkarte«:
Einführung eines »Jahrgangsteams« anstelle von »Inklusionsklassen«

Frau Müller ist seit einem Jahr Leiterin einer Sekundarschule[16] in einem sozialen Brennpunktgebiet, die aus einer ehemaligen Realschule hervorgegangen ist. Seit drei Jahren werden an dieser Schule zudem auch Schülerinnen und Schüler mit sonderpädagogischem Förderbedarf (SFB) unterrichtet. Zunächst wurde der gemeinsame Unterricht der Schülerinnen und Schüler mit und ohne SFB in Form von speziellen »Inklusionsklassen«, wie die Schule dies nannte, organisiert. In jedem Jahrgang gab es eine Klasse, in der bis zu fünf Schülerinnen und Schüler mit SFB zusammen mit bis zu 15 Schülerinnen und Schülern ohne SFB unterrichtet wurden. So konnten die von der Schulaufsicht zugewiesenen Wochenstunden der Förderschullehrkräfte gebündelt eingesetzt werden, sodass alle Hauptfächer stets mit je einer Haupt-/Realschullehrkraft und einer Förderschullehrkraft besetzt waren.

Dieses System entspricht nicht der Vision einer inklusiven Schule, die Frau Müller gerne verfolgen würde. Sie strebt an, dass es keine speziellen Inklusionsklassen gibt, sondern dass die Schülerinnen und Schüler mit SFB in gleicher Weise den Lerngruppen zugewiesen werden, wie die übrigen Schülerinnen und Schüler auch. Statt der festen Zuweisung der Förderschullehrkräfte zu den einzelnen Kindern hätte sie gerne Jahrgangsteams, die so zusammengesetzt sind, dass jede Klasse zwei Klassenlehrer hat, und zwar auf die Weise zusammengesetzt, dass innerhalb des Jahrgangsteams der Großteil des Fachunterrichts abgedeckt ist. Die Stunden der Förderschullehrkräfte sollen dem Jahrgang als Ganzes zugewiesen werden. Das Jahrgangsteam soll dann gemeinsam den Unterricht, die Differenzie-

16 Hier als eine Schule gedacht, die sowohl zur Berufsreife als auch zur Mittleren Reife führt.

rungs- und Individualisierungsmaßnahmen und die individuelle Förderung im Team planen und reflektieren. Dazu würde ein festes Zeitfenster für Besprechungen eingeräumt.

Frau Müller weiß, dass ein solches Vorhaben nicht nur auf Zustimmung stoßen wird. Deswegen entschließt sie sich dazu, sich zunächst einen Überblick über die verschiedenen Interessen, Vorstellungen und Einflussmöglichkeiten innerhalb des Kollegiums zu verschaffen (▸ Abb. 5.1).

Auf Basis der Fragen aus Kopiervorlage 5-1 ergibt sich für sie das folgende Bild:

Der Personalrat besteht mehrheitlich aus Kolleginnen und Kollegen, die noch aus der Zeit der Realschule im Kollegium sind. Diese vertreten in Gesprächen immer wieder die Auffassung, dass zu viele Neuerungen die Qualität des Fachunterrichts gefährden würden. Mit der Maßnahme der Inklusionsklassen kommen sie mittlerweile gut zurecht und empfinden die Zusammenarbeit mit den Förderschullehrkräften als gewinnbringend.

In einer größeren Gruppe von ›Bewahrern‹ des Status Quo hat der Personalrat großes Ansehen. Schon öfter konnten kleinere Veränderungen, für die sich der Personalrat letztlich gewinnen ließ, mit dessen Unterstützung auch dieser Gruppe nähergebracht werden. In Situationen, in denen dies nicht gelang, konnten die ›Bewahrer‹ durch Blockade in Form von ›Dienst nach Vorschrift‹ einzelne Vorhaben zum Scheitern bringen. Letztlich drückt sich in dieser Gruppe im Kollegium das Bedürfnis danach aus, die eigene Arbeit so erledigen zu können, wie man sich daran gewöhnt hat. Das Erreichte wird als erfolgreich und persönlich befriedigend angesehen. Die ›Bewahrer‹ bestehen aus einer Gruppe von dienstälteren Kolleginnen und Kollegen. Dieser ›Gruppe‹ haben sich zudem einige jüngere Lehrkräfte angeschlossen, da sie diese älteren Kolleginnen und Kollegen als den Kindern besonders herzlich zugewandt erleben.

Neben dem Personalrat und den ›Bewahrern‹ gibt es im Kollegium noch die ›Veränderungsdurstigen‹. Diese überwiegend in den letzten drei Jahren teils über Versetzungsanträge und teils frisch aus dem Studium hinzugekommenen Lehrkräfte erleben die bisherigen Strukturen als für sich selbst nicht befriedigend. Sie wünschen sich Veränderungen, streiten sich intern jedoch darüber, welche Veränderungen sinnvoll erscheinen.

Unter den Förderschullehrkräften gibt es im Wesentlichen zwei Gruppen: Die eine (›Förderschullehrkräfte I‹) orientiert sich an einem Professionsverständnis als Lehrerinnen und Lehrer, für die das eigene Unterrichten, möglichst in der gleichen Klasse, besonders wichtig ist. Diese Gruppe hat das ursprüngliche Konzept der Inklusionsklassen mit entwickelt und trägt dieses mit, weshalb diese Gruppe im Kollegium über einen hohen Expertenstatus und damit verbundenen Einfluss zu verfügen scheint. Sie sehen darin eine gute Möglichkeit, möglichst viele Stunden in einer Klasse zu unterrichten. Die andere Gruppe (›Förderschullehrkräfte II‹) sieht sich selbst eher als Beraterinnen und Berater sowie als Anbieter diagnostischer und individualunterstützender Maßnahmen für Bedarfssituationen. Diese Gruppe fühlt sich durch die feste Zuweisung zu einer Klasse und einer festen Gruppe von Kindern in einer Rolle gefangen, die sie nicht zufriedenstellt. Sie ist eng vernetzt mit der Gruppe der ›Veränderungsdurstigen‹.

Zudem gibt es noch eine Gruppe im Kollegium, die sich im Kontext der Schulentwicklung weder als Vertreter einer Pro- noch einer Contra-Seite gibt, sondern eher das mitträgt, was im Kollegium als Konsens erarbeitet wird (»Kollegen, die dem Konsens folgen«).

Für Frau Müller ergibt sich daraus die in Abbildung 5.1 skizzierte Situation im Kollegium.

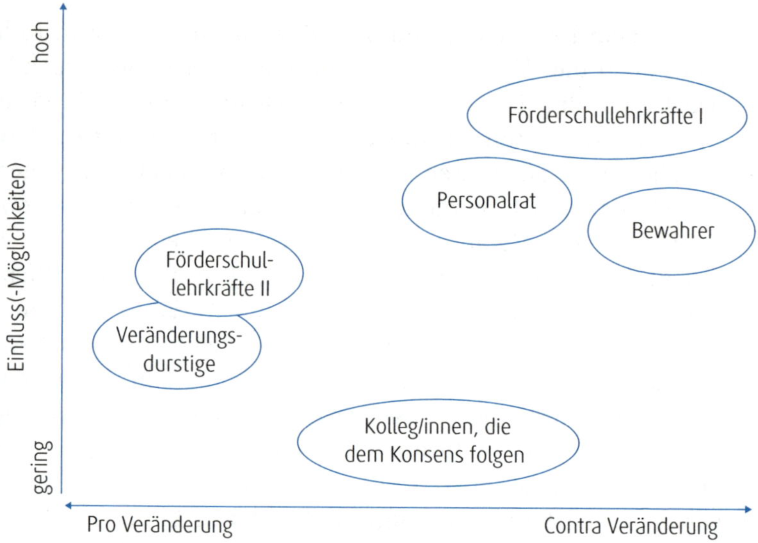

Abb. 5.1: Beispiel für das Anlegen einer »politischen Landkarte« (angelehnt an Bolman/Deal 2013, 212)

5.2 »Agenda Setting«: Strategien für die Umsetzung des Wandels

Eine zweite politische Fähigkeit bezeichnen Bolman und Deal (2013, 209) als »Agenda Setting«. Die Zuordnung dieses Aspekts zum Politischen Rahmen mag zunächst verwundern: Manch einer würde das Vorgeben einer Agenda durch die Führungskraft eher dem Strukturellen Rahmen zuordnen, andere würden dies unter dem Schlagwort ›Visionen vermitteln und inspirieren‹ eher als Teil des Symbolischen Rahmens interpretieren. Beides kann durchaus auch stimmen, wodurch auch hier die stets immanente Möglichkeit des Reframing sichtbar wird. Bolman und Deal beschreiben unter dem Schlagwort jedoch eine Fähigkeit, die in der Tat eine politische Sichtweise berücksichtigt:

> »Die effektive Führungskraft entwirft eine ›Agenda für Veränderung‹ mit zwei Hauptelementen: Einer Vision, die langfristig die Interessen der Schlüsselparteien ausbalanciert, und einer Strategie, wie sie diese Vision verwirklichen und gleichzeitig konkurrierende interne und externe Kräfte erkennen kann.« (Bolman/Deal 2013, 209; eigene Übersetzung)

Überträgt man dies auf die Entwicklung einer inklusiven Schule durch die Schulleitung, so ist die im vorigen Abschnitt gezeichnete politische Landkarte der Schule ein wichtiger Teil des »Agenda Setting«. Weiterhin wird man die folgenden Fragen beantworten müssen:

1. Was heißt für mich ›inklusive‹ Schule? Welche Teilaspekte umfasst die Vision einer inklusiven Schule?
2. Wie stehen die einzelnen Interessensgruppen meiner Schule zu den einzelnen Teilaspekten? Wen kann ich für was begeistern/gewinnen? Wer wird dem eher skeptisch gegenüberstehen?
3. Welche Teilschritte kann ich anvisieren, um diese Teilziele zu erreichen, dabei aber möglichst alle Interessen zu berücksichtigen und zu antizipieren?

Eine aus unserer Sicht sehr passende Übertragung dieser Vorgehensweise in der Führung bietet das zu Beginn des Kapitels kurz eingeführte Beispiel einer Schulleiterin, die für die Schulleiterstudie im Rahmen des GeSchwind-Projekts interviewt wurde:

Fallbeispiel: »Gradualistisch vorgehen«
Kommentierte Auszüge aus einem Interview mit der Leiterin einer rheinland-pfälzischen Schule der Sekundarstufe, die als Schwerpunktschule mit inklusivem Unterricht beauftragt ist.

Punkt 1: Eigene Vision und ihre Teilaspekte
Die befragte Schulleiterin beschreibt im Interview die Vision einer Pädagogik, die auf das Schaffen eines positiven Klimas abzielt sowie darauf, als Ersatz-Bezugspersonen Chancengeber für Schülerinnen und Schüler aus desolaten Lebensbedingungen zu

sein. Ihre Grundauffassung von Inklusion formuliert sie wie folgt:

> »Wie ich eben gesagt habe. 70 Einzelunternehmer: alle verschieden; alle unsere Schülerinnen und Schüler – rund 640: alles einzelne Individuen. Und ich habe ein Gespräch vor darüber, was Inklusion ist: Da sind alle verschieden, haben alle irgendwo Förderbedarf, alle Stärken und Schwächen. Und ich denke mir, da muss noch ein großes Umdenken von der Integration zur Inklusion hier oben in unseren Köpfen erfolgen. [...] Es gibt verschiedene Intelligenzen, die wir irgendwie messen können oder die wir nicht messen können. Also das alles ist so breit und bunt. Und das bedeutet für mich: Wir müssen uns alle auf den Weg machen zu inklusiven Schulen. Dann [...] würden wir noch ein anderes qualitatives Ziel haben. Denn da steckt ganz viel drin in Inklusion.«

Ein Teilaspekt dieser Vision ist, dass die Schulleiterin anstrebt, dass Schülerinnen und Schüler mit SFB an allen Geschehnissen des Schullebens teilhaben und so eine Separation innerhalb der Schule überwunden wird. Denn, so ihre Befürchtung:

> »Dann haben sie nichts anderes als eine zweite Förderschule im Haus. [...] Das wollen wir nicht. Sondern wir arbeiten jetzt daran, dass wir die Praxis in den Schwerpunktklassen verbessern können und dass wir auch den Blick schärfen: ›Was sind das für Kinder? Wie gehen wir mit denen um?‹ Und dass das nicht nur der Förderlehrer ist, der dann nachher ein Zeugnis schreibt oder der sagt: ›So wird der beschult‹ oder ›Kommt Kinder, ab in den Förderraum.‹ Dafür geben Eltern ihre Kinder hier an dieser Schule mit Sicherheit nicht ab und sagen dann: Das ist eine Schwerpunktschule.«

Punkt 2: Eine politische Landkarte erstellen

Dass die Schulleiterin diesen Aspekt im Blick hat, lässt sich im Interview eher indirekt erschließen. Zum einen bezeichnet sie das Kollegium an einer Stelle als »70 Einzelunternehmer manchmal« und zum anderen erwähnt sie, dass man quasi ein »Soziogramm in einem Lehrerzimmer« habe. Auch über unterschiedliche Wahrnehmung der Aufgaben/Interessen verschiedener Berufsgruppen äußert sie sich indirekt, z. B. in Bezug auf eine frühere Sichtweise einzelner Regelschullehrkräfte auf Förderschullehrkräfte:

»›Oh, die Förderschullehrer haben es aber sehr gut: Die paar Kinder da. Die haben nur wenig Klassenarbeiten – wenn ich da meine Packen sehe, die ich nach Hause schleppe.‹«

Auch, dass sie Abwehrreaktionen infolge von Ängsten wahrgenommen hat, spricht im Gesamtkontext des Interviews für die Beachtung dieses Punkts:

»Also da bin ich auf Ängste gestoßen. Nicht im Sinne von ›Oh, da ist jetzt was Neues‹, sondern manche Kolleginnen und Kollegen haben richtig Angst. Erstmal hat es noch ein bisschen gedauert, bis sie merkten, dass sie selbst mal in eine Schwerpunktklasse kommen könnten. [...] Manche sind sehr offen und andere schreien jetzt um Hilfe. Und dann habe ich hier einen guten Leiter der Fachkonferenz, der dann die Fachkonferenz Integration leitet, wo wir verschiedene Arbeitsebenen haben; mit den Förderschullehrkräften selber oder mit den Förderschullehrkräften und den Klassenleitungen zusammen oder mit den pädagogischen Fachkonferenzen wiederum und eben andere Arbeitsebenen: Das wäre dann die Beteiligung an Gesamtkonferenzen oder Entwicklung von Förderplänen auf das einzelne Kind bezogen.«

Punkt 3: Anvisieren von Teilschritten

Dass die Schulleiterin sich bewusst ist, dass sie nicht ihre gesamte Vision einfach den Kolleginnen und Kollegen per Anweisung zur Umsetzung geben kann, zeigt sich an mehreren Metaphern, die sie verwendet:

»Ich sage mal, was jetzt im Moment in Zeiten von Krisen gilt: gradualistisch. Wirklich Schritt für Schritt. Das können sie nicht als Glocke drüber setzen: ›Und du machst das mal.‹ Das können sie gar nicht. Das müssen sie langsam pflanzen und immer wieder gedeihen lassen, nachgießen, auch mal nachdüngen, wie Pflänzchen. Und wenn mal eins am Eingehen ist, müssen sie sich auch mal entscheiden und müssen fragen: Wollen sie wieder neu eingepflanzt werden, oder was machen wir? Also da muss man sehr geduldig, aber bestimmt vorgehen, denn wir sind hier kein Gesangverein, sondern wir sind eine Schule, eine Orga-

> nisation und wir haben eine Verpflichtung. [...] Das Wort gradualistisch, das gefällt mir. Politik: wirklich schrittweise vorgehen, Strategie im Kopf haben und dann Handlungsschritte planen. Das machen wir auch. Sie sehen das hier an solchen Papieren.«

Einer dieser Teilschritte bestand für die Schulleiterin darin, dass zunächst einmal Schwerpunktklassen gebildet wurden:

> »Wir haben eben verschiedene Schwerpunktklassen. Nicht in jeder Klasse sitzen Integrationskinder, sondern wir haben sie auf verschiedene Klassen verteilt. Denen ordnen wir stundenweise Förderlehrkräfte in einer Doppelbesetzung zu. Das erfolgt in enger Absprache mit der Klassenkonferenz. Da werden dann verschiedene Inhalte besprochen, wie auch pädagogische Konzepte allgemeiner Art. [...] [W]ir arbeiten jetzt daran, dass wir einfach hier diese Praxis in den Schwerpunktklassen verbessern können, dass wir auch den Blick schärfen: ›Was sind das für Kinder? Wie gehen wir mit denen um?‹«

Auf diesem Wege sollen durch das Zeigen gelingender Beispiele Ängste abgebaut und Kolleginnen und Kollegen für das Neue gewonnen werden:

> »Und ich schaffe das, [...] indem ich einfach an ein paar Beispielen zeigen kann, dass es sich lohnt.«

5.3 Weitere Fähigkeiten einer politisch orientierten Führungskraft und Fazit

Bolman und Deal (2013, 212ff.) führen noch zwei weitere »political skills« an, die hier kurz angerissen werden sollen:

- Netzwerkbildung/Koalitionsbildung: Politischer Einfluss kann vor allem durch (informelle) Netzwerke gewonnen werden. Daher ist es wichtig zur Umsetzung einer eigenen (politischen) Agenda, sich solcher Netzwerke zu bedienen. Auch hierfür ist die Fähigkeit, eine politische Landkarte der Organisation und ihrer Umwelt (!) zu entwickeln, essentiell.

- Verhandlungsgeschick/Vereinbarungen treffen: Sofern möglich, scheint es sinnvoll, Win-Win-Lösungen in Verhandlungen anzustreben, die allen Verhandlungsparteien eine möglichst vollständige Erfüllung ihrer Interessen erlauben. Dazu beschreiben die Autoren vier Strategien, die von Fisher und Ury (1981) entwickelt wurden:
  1. Personen und Problem voneinander trennen, auf der Sachebene bleiben;
  2. nicht auf Standpunkte fokussieren, sondern auf Interessen, sprich: Nicht »Was fordere ich«, sondern »Welches Interesse steckt hinter meiner Forderung«;
  3. verschiedene Optionen erfinden, mit denen gemeinsamer Gewinn erreicht werden kann;
  4. auf zu Beginn der Verhandlung gemeinsam vereinbarte objektive Kriterien beharren.

Der Politische Rahmen basiert auf Ideen und Annahmen, die – gerade im Schulkontext – häufig als die »dunkle Seite organisationalen Lebens« (Gieske 2013, 58) angesehen werden und in den Augen vieler somit die sprichwörtliche dunkle Seite der Macht darstellen. In der Tat, so scheint es, hängt dieser Rahmen stark mit Manipulation und Sicherung eigener Macht zusammen. Dennoch zeigen Analysen und auch die Darstellung der »political skills«, dass Konflikte und unterschiedliche Interessen ein immanenter Bestandteil von Organisationen sind – schließlich bestehen Organisationen und damit auch Schulen in erster Linie aus Menschen. Dass die Gestaltung von Wandel also ein gewisses politisches Geschick benötigt, versteht sich vor diesem Hintergrund von selbst. Das drücken auch Bolman und Deal aus:

> »Die Frage ist nicht, ob Organisationen politisch sind oder nicht, sondern, welche Art von Politik sie umfassen. Politische Dynamiken können schäbig und zerstörerisch sein. Aber Politik kann auch ein Vehikel zum Erreichen nobler Anliegen sein. Organisationaler Wandel und Effektivität hän-

> gen von den politischen Fähigkeiten des Managers ab.« (Bolman/Deal 2013, 222f.; eigene Übersetzung)

Zugleich sollen die hier vorgestellten Techniken keine Anleitung zum kompromisslosen ›Durchdrücken‹ eigener Interessen darstellen. Davor warnen auch Bolman und Deal eindringlich:

> »Wenn du erwartest, mit denselben Menschen in der Zukunft zusammenzuarbeiten, dann ist es riskant, Taktiken der verbrannten Erde zu benutzen, die Ärger und Misstrauen in ihrem Heckwasser zurücklassen. Manager, die einen Ruf haben, manipulativ, eigennützig oder nicht vertrauenswürdig zu sein, haben Schwierigkeiten, die Netzwerke und Koalitionen zu bilden, die sie benötigen.« (Bolman/Deal 2013, 218; eigene Übersetzung)

6

Schule ist mehr als Strukturen, Menschen und Politik: Schule leiten aus ›symbolischer‹ Perspektive

Im zweiten Kapitel wurde bereits auf die theoretischen Annahmen und Hintergründe des Symbolischen Rahmens eingegangen. Dabei wurde auch aufgezeigt, dass der Symbolische Rahmen nahezu deckungsgleich mit dem Ansatz symbolischer Führung ist sowie in enger Beziehung zu transformationaler Führung steht (▸ Kap. 1).

Als wichtigste Kernannahme symbolischer Führung kann hier noch einmal rekapituliert werden, dass Führung als stets sowohl symbolisierende als auch symbolisiert angesehen wird:

1. Symbolisierende Führung: Führungshandeln hat immer eine symbolische Wirkung, erzeugt also Mehrdeutigkeiten, die als Symbole interpretiert werden. Geschickte Führung muss lenkenden Einfluss auf diese Interpretationen nehmen bzw. diese Symbolwirkung gezielt zur Führung einsetzen (vgl. Neuberger 2002, 666ff.).
2. Symbolisierte Führung: Führung erfolgt immer im Rahmen schon bestehender Sprachregelungen, Handlungspraktiken etc., die bereits eine symbolische Bedeutung haben. Dieser muss sich Führung bewusst sein und bedienen (vgl. Neuberger 2002, 662ff.).

Zu Beginn dieses Kapitels ist es ferner hilfreich, wenn Sie sich noch einmal die Handlungsdimensionen einer symbolisch ausgerichteten Schulleitung nach Bonsen (2016, 217) aus Kapitel 2 vergegenwärtigen, zu denen wesentlich die stetige Diskussion, Klärung und Beeinflussung der Visionen, Symbole, Kulturen, Identität sowie Außenwirkung der Schule gehören, ebenso wie die bewusste Ausgestaltung der symbolischen (Vorbild-)Rolle der Schulleitung.

Dies zeigt deutlich, dass die Berücksichtigung des Symbolischen Rahmens vor allem eine Sichtweise und Grundhaltung darstellt. Der Rahmen repräsentiert sich über die Bewusstheit symbolischer, kultureller und zeremonieller Aspekte jeder Situation, Handlung und Struktur innerhalb der Organisation. Obgleich das den wesentlichen Kern symbolisch ausgerichteter Führung darstellt, soll im Folgenden noch einmal auf die Bedeutung des Symbolischen Rahmens für Veränderung/Entwicklung im Allgemeinen und inklusiver Schulentwicklung im Speziellen eingegangen werden.

Symbolische Führung als Bewusstheit und Haltung

Ähnlich wie der Human-Resource-Rahmen liefert der Symbolische Rahmen weniger konkrete Handlungsweisen und Techniken, sondern verdeutlicht einerseits das Bewusstsein dafür, dass Symbole, Rituale, Traditionen und Werthaltungen die Entwicklung einer Schule und das Leben an dieser (mit-)bestimmen und andererseits eine Haltung, die auf die (Um-)Deutung, Gestaltung und bewusste Nutzung dieser Symbole, Rituale, Traditionen und Werthaltungen zwecks gezielter Steuerung von Wandel ausgerichtet ist.

6.1 Inklusive Schulentwicklung: Warum ›symbolisch‹ führen?

Bonsen (2003, 178f.) verweist darauf, dass symbolische Führung insbesondere dann sinnvoll sei, wenn die Gesamtsituation Unsicherheit und Mehrdeutigkeit beinhalte, wenn grundlegende Veränderungen angestoßen werden sollen und wenn Mitarbeitende kaum noch gesteuert werden können bzw. ihnen weitreichende Autonomie zugestanden werden soll. Er konstatiert, dass folgende Faktoren grundlegende Charakteristika von Schulen widerspiegeln (Bonsen 2003, 179):

- hohes Maß an Ziel- und Technologieunsicherheit (wenn nicht gar Technologiedefizit),
- fehlende Artikulation von Zielen und Erfolgskriterien aufgrund abweichender Meinungen,
- Zieldiversität,
- unterschiedliche Definitionen der Organisation Schule.

Daher schlussfolgert Bonsen:

> »Für die Führung einer pädagogischen Organisation wie der Schule, werden [sic!] daher alternative Führungsinstrumente benötigt, die geeignet sind, Gewissheit und Orientierung in einer mehrdeutigen und komplexen

Organisationsrealität herzustellen (vgl. Rosenstiel 1993, 347).« (Bonsen 2003, 179)

Sosehr diese Feststellung offensichtlich schon auf jede Schule zutrifft, beschreibt dies noch deutlicher eine Anforderung an die Führung von Schulen, die sich des Bildungsauftrags Inklusion annehmen (müssen). Alleine schon die Mehrdeutigkeit des Begriffs Inklusion an sich stellt die Schulen vor eine große Herausforderung. Damit verbunden ist ebenso auch die Mehr- bzw. Vieldeutigkeit der Anforderungen und Erwartungen, die von verschiedenen Stakeholdern aus Politik und Gesellschaft unter diesem Schlagwort an Schulen herangetragen werden.

Dies alles, verbunden mit dem ›Neuheitscharakter‹, den die Aufgabe inklusiver Schulentwicklung für viele Akteure beinhaltet, sorgt in Schulen für massive Unsicherheiten, Definitionsunklarheiten, einer Suche nach Ziel- und Erfolgsvorgaben, aber auch für eine Heterogenität an Zielvorstellungen innerhalb der Kollegiumsmitglieder. Zuweilen stoßen die mit dieser Entwicklung verbundenen Änderungen auf Begeisterung, zuweilen auf Sorgen, Verunsicherungen und Ängste, zuweilen auch auf klare Ablehnung. ***All diese Empfindungen im Zusammenhang mit Veränderung sind zunächst legitim***, nicht zuletzt auch deshalb, weil inklusive Schulentwicklung massive Anfragen an das Verständnis der Profession »Lehrer/in« stellt.

Ziel im Umgang mit diesen neuen Herausforderungen kann es daher nicht sein, Skepsis durch Schulleitung ›weg zu regieren‹, sondern Möglichkeiten zu finden, wie Schulleitung innerhalb dieser Gemengelage seine Mitarbeiterinnen und Mitarbeiter, seine Schülerinnen und Schüler sowie deren Eltern ***zu einer gemeinsamen Vision von Schule inspirieren*** kann. Dass eine solche Grundeinstellung von großer Bedeutung ist, lässt sich an Ergebnissen quantitativer Untersuchungen verdeutlichen: Einerseits zeigt sich, dass eine solche transformative Führungshaltung mit positiven Einstellungen der Schulleitung gegenüber Inklusion einhergeht (Houser et al. 2011), und andererseits, dass sich positive Einstellungen der Schulleitung zu Inklusion sowohl auf deren Handlungspraxis auswirken (z. B. Praisner 2003) als auch mit den Einstellungen der Lehrkräfte in ihrem Kollegium zusammenzuhängen scheinen (Urton et al. 2014a, 2014b).

6.2 Inklusive Schulentwicklung: Wie ›symbolisch‹ führen?

Wie bereits dargestellt, vollzieht sich symbolische Führung eher auf einer Meta-Ebene. Es ist also nicht die Frage, welche Schulentwicklungsschritte eingeleitet werden oder welche Instrumente dazu eingesetzt werden, sondern viel eher, wie Schulleitung diese Schritte und Instrumente nutzen kann, um bei den Mitgliedern der Schule Sinn, Zugehörigkeitsgefühl, Sicherheit und Inspiration zu erzeugen – und dies ist ein sehr individueller, nicht lehrbuchmäßig beschreibbarer Aspekt von Führung.

Wichtig scheint als Ausgangspunkt zunächst, als Schulleitung selbst eine visionäre Haltung gegenüber Inklusion zu haben:

> »Aber bei aller Verwaltung darf man meines Erachtens als Schulleiter nicht eine Vision von einer guten Schule vergessen. Also mein Hauptantrieb ist: Ich selbst hatte mit Schule in meinem Leben nicht so viel anfangen können. Ich habe die Schule gemacht, mein Abitur, aber letztendgültig war das für mich nicht der Ort, an dem ich mit Freude gelernt habe oder so. Und mein Ziel ist: viele Kinder zu begeistern von dem, was ist.
>
> [...] Sie reden ja mit einem Schulleiter einer integrierten Gesamtschule. Und wir sehen ja in der täglichen Arbeit, dass das Trennen der Kinder nach einer vierjährigen Grundschulzeit absolut nicht mehr das ist, was wir heute brauchen, und dass wir diese Heterogenität, die wir haben eine riesen Chance ist – und unser Ziel. Ich selbst habe Visionen und mein Schulleitungsteam hat Visionen.« (Schulleiter einer integrierten Gesamtschule im Interview)

Daran anschließend gilt es, die Bedeutung der eigenen (Vorbild-) Rolle anzuerkennen:

> »Das ist ein Vorangehen. Und dabei immer gucken – hinter sich gucken, neben sich gucken –, dass alle dabeibleiben.« (Schulleiterin einer integrierten Gesamtschule im Interview)

> »Also es heißt ja: Der Fisch stinkt vom Kopf, kann aber auch vom Kopf riechen. Und das ist so die Hauptaufgabe.« (Schulleiter einer integrierten Gesamtschule im Interview)

> »Und ich werde auch völlig anders wahrgenommen, das heißt, ich throne nicht so preußisch gesehen im Beamtenapparat oben, sondern ich mache eben auch sowas. Ich leere auch mal einen Mülleimer aus. Ich hebe auch mal im Flur für alle Schüler sichtbar Müll auf als Schulleiter. Also da sehe ich mich einfach in der Pflicht, Vorbildhandeln zu zeigen.« (Schulleiter einer Realschule Plus im Interview)

Ein Schulleiter in unseren Forschungen benennt als ein Element, das sehr stark symbolisch aufgeladen erscheint, die Umbenennung der Steuergruppe in »Spinn-Club«: An diesem Beispiel wird auch die Notwendigkeit der Deutung und dessen bewusste Steuerung offensichtlich. Die Bezeichnung als Spinn-Club kann sowohl abwertend aufgefasst werden (»Die weltfremden Spinner am grünen Tisch«), kann aber, und so wird es im Interview vom Schulleiter präzisiert, als Ausdruck der Kraft gemeinsamer Kreativität interpretiert werden, die im gemeinsamen »Spinnen« von Visionen enthalten ist.

Schafft man so eine von allen Beteiligten getragene Basis, kann Schulleitung ein Klima erzeugen, in dem Visionen, Werte, Kulturen und Praktiken einer Schule gemeinsam entwickelt werden. Schulleitung kann hier eine wichtige Rolle als Inspirationsquelle, Katalysator, Vorbild und Sprachrohr spielen.

6.3 Symbolische Aspekte inklusiver Schulentwicklung

Im ›Symbolischen‹ drückt sich die Kultur und die Tradition der Schule aus. Die aus unserer Sicht wohl größte Gefahr bei einem ›überambitionierten‹ Versuch, symbolisch zu führen, ist, dass Metaphern und Symbole ohne Passung zur bestehenden Schulkultur gewählt werden: Ohne Anschlussfähigkeit an bestehende Praktiken, Traditionen und Vorstellungen werden diese Versuche nicht zu sinnstiftenden Symbolen einer gemeinsamen Identität, sondern wirken aufgesetzt, gekünstelt und werden auf Ablehnung stoßen.

Aus unserer Sicht macht es Sinn, sich zunächst über die folgenden Aspekte Gedanken zu machen:

Willkommenskultur

- Wie empfängt das Schulgebäude Menschen, die die Schule besuchen (z. B.: Willkommensbanner, Bildschirm mit Begrüßung ...)?
- Gibt es Aufnahme-/Begrüßungsrituale für neue Schülerinnen und Schüler oder Lehrerinnen und Lehrer?

Schullogo

- Gibt es ein eigenes Logo?
- Wie kann innerhalb der Schulgemeinschaft ein eigenes, identitätsstiftendes Logo gestaltet werden?
- Was soll sich in diesem Logo ausdrücken?

Gemeinsamer ›Wertekanon‹

- Wie kann die Schule zu gemeinsam getragenen Werten kommen?

- Liegt diesen Werten eine gemeinsame Vision zugrunde?
- Wie können Schulmitglieder zu einer solchen Vision inspiriert werden?

Schul-Shirt

- Gibt es ein Schul-Shirt mit Namen (Initialen) und Logo der Schule?
- Ist dieses vielleicht zusätzlich individualisiert mit dem Namen der Schülerin/des Schülers?
- Wie leicht ist es, dieses Schul-Shirt zu erwerben – auch unter finanziellem Aspekt? D. h., gibt es so etwas wie eine Tauschbörse, wo Shirts günstig erstanden werden können?
- Wo kommt das Shirt als Ausdruck einer Identitätsgemeinschaft zum Einsatz (bei gemeinsamen Veranstaltungen, öffentlichen Auftritten, im Schulalltag ...)?

Begegnungsraum

- Gibt es Raum innerhalb der Schule, der Begegnung und zwanglosen Kontakt ermöglicht (z. B. auch im Eingangsbereich der Schule)?
- Zwischen Schülerinnen und Schülern? Zwischen Eltern (z. B. als Eltern-Café)? Zwischen Eltern und Lehrkräften?
- Welchen Stellenwert hat dieser Raum der Begegnung?
- Wie schafft die Schule es, dass dieser Bereich den Schülerinnen und Schülern so ›heilig‹ ist, dass er auch schön und ansprechend bleibt?

Traditionen

- Kann die Geschichte der Schule und des Schulgebäudes mit der gemeinsamen Vision von Schule und Inklusion in Beziehung gesetzt werden?

- Spiegeln sich Werte und Visionen im Schulgebäude und der Schulgeschichte wider?

›Helden‹ der Vergangenheit

- Welche Persönlichkeiten aus der Geschichte der Schule (ehemalige Lehrkräfte, Schülerinnen und Schüler etc.) sind besonders bedeutsam für die Schule?
- Gibt es hier ›Heldenmythen‹ (im übertragenen Sinne!)?
- Gibt es Anknüpfungspunkte für die Werte und Visionen der Schule?

Symbolischer Wert des Schulnamens

- Welche Rolle spielt die Namenspatronin bzw. der Namenspatron der Schule für die aktuellen Werte und Visionen?
- Welche Bedeutung hat der Name der Schule?
- Ist der Schulname ein ›Markenzeichen‹ (z. B. sind »Integrierte Gesamtschule Bonn-Beuel« oder »Uckermarkschule Berlin« Markenzeichen für das Visionäre und Revolutionäre der frühen Integrationsbewegung)?

Symbolische Schirmherrschaften

- Wer kann als Pate/Schirmherr für Aktivitäten der Schule gewonnen werden?
- Welche potentiellen Unterstützerinnen und Unterstützer (z. B. Sponsoren) der Schule können einen symbolischen Stellenwert für die Visionen und Ziele der Schule haben?

All dies sind Aspekte, die zunächst ganz niederschwellig angegangen werden können. In Steuergruppen, über Schülerwettbewerbe und in Klassenräten können Ideen zu diesen Fragen entwickelt werden. In Gesamtkonferenzen, Klassensprecherversammlungen etc.

kann mittels Großgruppen-Moderationsmethoden (z. B. »World-Café«) an solchen Ideen und Fragen gearbeitet werden. Wichtig ist, sich und die Schule am Anfang nicht zu überfordern, sondern mit den je passenden Elementen zu beginnen.

Der »Index für Inklusion« (Booth/Ainscow 2016) als Arbeitshilfe?

Der von Booth und Ainscow (2002) Anfang der 2000er-Jahre entwickelte Index für Inklusion soll eine Hilfestellung für die Entwicklung inklusiver Schulen bieten. Die erste Auflage des Index wurde von Boban und Hinz (2003) auf die Bedingungen des deutschen Schulsystems übertragen und ist frei im Internet verfügbar (http://www.eenet.org.uk/resources/docs/Index%20German.pdf, Stand: 8.3.2017). Die aktuellste Auflage liegt nunmehr ebenfalls auf Deutsch vor, ist jedoch als gebundenes Buch im Beltz-Verlag erschienen (Booth/Ainscow 2016).

Idee & Aufbau:

Der Index für Inklusion soll eine Arbeitshilfe für inklusive Schulentwicklung sein. Dazu werden Vorschläge zum Prozess der Schulentwicklung unterbreitet. Kernstück des Index sind Indikatoren für inklusive Schulen, die man anhand vorgegebener Fragen evaluieren und bearbeiten kann.

Diese Indikatoren werden in drei Dimensionen mit je zwei Bereichen zusammengefasst:

- Dimension A: Inklusive Kulturen
- Dimension B: Inklusive Strukturen
- Dimension C: Inklusive Praktiken

Als Evaluationshilfe werden indikatorengeleitete Fragebögen angeboten, die jedoch eher als Anregung für eigene Fragebögen gedacht sind. Mit Hilfe dieser Fragebögen kann herausgearbeitet werden, welche Indikatoren derzeit Priorität für den weiteren Schulentwicklungsprozess bekommen sollten. Mit den weiterführenden Fragen zu jedem einzelnen Indikator kann dieser tiefergehend beleuchtet und bearbeitet werden.

Chancen:
Der Index für Inklusion ist ein sehr umfassendes Werkzeug, in dem sich viele wichtige Anregungen zur Gestaltung der Schulkultur finden. Zudem stellt er ein strukturiertes Instrument dar, das Schulen im Schulentwicklungsprozess ein Gefühl des Halts und der Sicherheit geben kann.

Schwierigkeiten:
Zunächst einmal ist die Arbeit mit dem Index für Inklusion keine niederschwellige Schulentwicklungsarbeit mehr. Es wird bereits ein hohes Maß an gemeinsamer Vision und gemeinsamen Werten benötigt, damit eine Schule sich auf diese Arbeit einlässt. Hinzu kommt, dass der Index für Inklusion bereits eine sehr starke normative Prägung bezüglich des Verständnisses von Inklusion hat und damit die ›visionäre‹ Arbeit an schulindividuellen Werten und Normen stark lenkt. Einige der Indikatoren in der Neuauflage sehen wir in diesem Zusammenhang als normative Allgemeinplätze an, die aus unserer Sicht keinen direkten Bezug mehr zu inklusiver Schulentwicklung aufweisen, z. B.:

- A.2.3: »Die Schulgemeinschaft setzt sich für den Schutz der Umwelt ein.« (Booth/Ainscow 2016, 101)
- B.1.13: »Die Schule trägt zur Müllvermeidung bei.« (Booth/Ainscow 2016, 123)
- C.1.9: »Die Kinder und Jugendlichen erforschen Energieressourcen.« (Booth/Ainscow 2016, 146)

Fazit:
Wir sehen den Index für Inklusion als ein Reflexionswerkzeug an, das von Schulen je nach Situation mit Bedacht eingesetzt werden kann. Ist man sich der normativen Schwierigkeiten bewusst und fühlt sich mit diesen Setzungen nicht überfordert, ist es möglich, bei den Indikatoren diejenigen auszuwählen, die für die eigene Schule im Hinblick auf die Umsetzung inklusiver Schulentwicklung als wichtig zu erachten sind. In Teilen würden wir jedoch die ältere Auflage (Boban/Hinz 2003) bevorzugen.

Dem Symbolischen Rahmen kommt aus unserer Sicht folglich gerade im Zusammenhang mit Inklusion eine große Bedeutung zu. Schulleitung muss begeistern, inspirieren, eine Vision von Schule erzeugen. Es gilt, die Symbolik einzelner Elemente der Schule und des Schullebens herauszuarbeiten und eine Verbundenheit mit dem gemeinsamen Ziel bei den Kolleginnen und Kollegen, den Schülerinnen und Schülern und den Eltern wachzurufen.

Insbesondere heißt symbolische Führung für inklusive Schulentwicklung, bei allen Aktivitäten, Entscheidungen und Maßnahmen der Schulleitung, die sich aus der Sichtweise anderer Rahmen (Struktureller Rahmen, Human-Resource Rahmen, Politischer Rahmen) ergeben, deren symbolisierende und symbolisierte Bedeutung im Blick zu behalten. Symbolische Führung kann also nie nicht stattfinden, sich aber auch nie alleine ereignen. ***Diese Kernerkenntnis leitet über zum Konzept des Reframing***, dem wir uns im nächsten abschließenden Kapitel widmen werden.

7

Führung als Reframing: Inklusive Schulentwicklung aus verschiedenen Perspektiven betrachten

Nachdem wir nun aus Sicht der einzelnen Rahmen verschiedene Möglichkeiten aufgezeigt haben, wie Schulleitung inklusive Schulentwicklung unterstützen kann, ***kommen wir nun zum eigentlichen Kernpunkt*** des Modells von Bolman und Deal: Reframing als Weg, mit der Mehrdeutigkeit von Situationen umzugehen und Führung auf die Situation/Organisation zuzuschneiden. Aus dieser Perspektive heraus, dass jede Situation durch verschiedene Rahmen betrachtet je unterschiedlich gelesen und gehandhabt werden kann, werden wir in diesem Kapitel auf die Betrachtung von Veränderung im Zusammenhang mit Inklusion allgemein eingehen sowie auf einzelne Elemente inklusiver Schulentwicklung im Speziellen.

7.1 Reframing und Veränderung

Die Aufgabe »Inklusion« stellt für viele Schulen eine gravierende Änderung ihres Selbstverständnisses dar. Ein hohes Maß an Innovationsbereitschaft und Willen einerseits trifft auf Skepsis, Verunsicherung und Überforderung andererseits. Engagement bis hin zur Aufopferung trifft auf ein Gefühl des Alleingelassenwerdens durch Führung und Politik. Es entsteht eine Gemengelage, die durch einzelne Rahmen betrachtet kaum zu lösen ist: Politik versucht oftmals über Ressourcen und Strukturen einerseits und Fortbildungsangebote andererseits zu steuern, vernachlässigt dabei aber zuweilen den Ausgleich zwischen verschiedenen Interessenlagen. Wo letzteres im Blick von Politik ist, werden zuweilen tragfähige Strukturen und Zielvorgaben vernachlässigt, die sich die Lehrkräfte ›an der Basis‹ oftmals wünschen (oftmals aber gerade auch nicht). Demgegenüber, so unsere Alltagsbeobachtung, wird, gerade in höher angesiedelten Systemebenen, die Sinn-Stiftung und die Vermittlung von Bedeutsamkeit extrem vernachlässigt, oder, wenn in Ansätzen vorhanden, nicht in Passung mit dem Alltagserleben der Akteure gebracht. Auf allen Ebenen, aufgrund des direkten Kontakts mit den Lehrkräften und dem Unterricht, vor allem aber auf der Schulleitungsebene, wird Reframing-Kompetenz daher im Zusammenhang mit Inklusion besonders bedeutsam.

Doch wie lassen sich Veränderungsprozesse und die Barrieren für Weiterentwicklung aus verschiedenen Blickwinkeln betrachten? Bolman und Deal (2013, 378) geben hierzu eine tabellarische Hilfestellung, die wir um den Aspekt »Herausforderung Inklusion« ergänzen (▸ Tab. 7.1). Die Tabelle verdeutlicht, dass die Betrachtung durch je unterschiedliche Rahmen verschiedene Ansatzpunkte liefert, wie man mit Barrieren oder Widerständen umgehen kann.

Die Herausforderung, vor die wir durch Veränderungsprozesse gestellt werden, lässt sich nicht bewältigen, indem wir uns auf eine Perspektive fixieren. Nur der flexible Wechsel der Sichtweise, das Wechseln unserer Wahrnehmungsrahmen erweitert unsere Handlungsoptionen. Und nur mit dem vollen Repertoire möglicher Handlungsweisen können wir der »Herausforderung Inklusion« begegnen.

Tab. 7.1: Barrieren und Strategien für Veränderung im Kontext inklusiver Schulentwicklung (in Anlehnung an Bolman/Deal 2013, 378)

Rahmen	Barrieren für Veränderung	Grundlegende Strategien	Übertragung auf inklusive Schulentwicklung
Strukturell	Verlust von Richtung, Klarheit und Stabilität; Konfusion & Chaos	Kommunikation, Neuanpassung und Neuaushandlung formaler Strukturen und Strategien	klare Organisationsformen des inklusiven Unterrichts, der sonderpädagogischen Förderung und der Kooperation im Dialog implementieren und an die Bedarfe der Schule anpassen; vorhandene und neue Strukturen so transparent machen und kommunizieren, dass sie als hilfreich erlebt werden
Human-Resource	Angst und Unsicherheit; Menschen fühlen sich inkompetent und bedürftig	Fortbildung zum Erwerb neuer Fähigkeiten; Partizipation und Einbezug; psychologische Unterstützung	bedarfsorientierte Fortbildungsplanung zu Aufgaben im Kontext Inklusion (Nachteilsausgleich, sonderpädagogische Grundbegriffe, Kooperationsformen etc.); Studientage/Pädagogische Konferenzen zu Fragen der Förderplanung etc.; Veränderungsprozesse *gemeinsam* planen und Lehrkräften Entscheidungsspielräume geben; Lehrkräften ihre vorhandenen Kompetenzen verdeutlichen und aufzeigen; Möglichkeiten und Räume für (kollegiale) Beratung, Supervision und Coaching schaffen; Bildung konstanter Teams aus Regel-/Förderschullehrkräften und Pädagogischen Fachkräften ermöglichen;

Tab. 7.1: Barrieren und Strategien für Veränderung im Kontext inklusiver Schulentwicklung (in Anlehnung an Bolman/Deal 2013, 378) – Fortsetzung

Rahmen	Barrieren für Veränderung	Grundlegende Strategien	Übertragung auf inklusive Schulentwicklung
			Kooperation in festen Teams durch Teambuildingmaßnahmen unterstützen
Politisch	Machtverlust; Konflikt zwischen Gewinnern und Verlierern	›Arenen‹ schaffen, in denen Themen neu ausgehandelt und neue Koalitionen gebildet werden können	Konferenzen/Dienstbesprechungen so gestalten, dass Interessenunterschiede und Konflikte offen ausgetragen werden können und nicht in unterschwellige Blockadehaltungen ›gegen Inklusion‹ abdriften
Symbolisch	Verlust von Bedeutung und Bestimmung; Klammern an die Vergangenheit	Rituale für Übergänge schaffen; die Vergangenheit betrauern und die Zukunft feiern	Blockaden nicht als Bösartigkeit, sondern als ›Trauer‹ um eine ›gute alte Zeit‹ wahrnehmen, kommunizieren und würdigen; die Sehnsüchte, die sich mit einer ›guten alten Zeit‹ verbinden, als pädagogischen Ethos aufgreifen und Mut zum Übertrag auf die neue Situation machen; Inklusion als konsequente Fortführung der pädagogischen Tradition und des Ethos *dieser* Schule interpretieren; zu einer gemeinsamen Vision eines Zusammenlebens an der Schule inspirieren; kleine Erfolge so feiern, dass inklusive Schulentwicklung für die Beteiligten eine Bedeutsamkeit erhält und zur Orientierung wird

7.2 Element inklusiver Schulentwicklung – durch verschiedene Rahmen betrachtet

Wie in den vorangegangenen Kapiteln deutlich geworden ist, ergeben sich im Zusammenhang mit inklusiver Schulentwicklung viele Aspekte und Aufgaben. Und ebenso deutlich wurde, dass in jedem Element Anteile verschiedener Rahmen stecken: So kann die Einteilung von Lehrerteams eine strukturelle Frage gezielten Ressourceneinsatzes sein, sie kann aber auch eine Möglichkeit sein, Mitbestimmung zu ermöglichen und Personalentwicklung und Weiterentwicklung von Kooperationsbeziehungen anzustoßen. Gleichzeitig kann durch die Teameinteilung die Bildung bestimmter Koalitionen forciert oder gehemmt werden – sie wäre dann ein Instrument zu politischer Machtabsicherung. Aus symbolischer Sichtweise heraus könnte die Einteilung fester Tandems mit gleichberechtigter Klassenleitung ein Zeichen gegenüber Eltern sowie Schülerinnen und Schülern sein, in dem sich die Schulkultur ausdrückt. Tabelle 7.2 gibt eine Übersicht darüber, wie sich verschiedene Elemente inklusiver Schulentwicklung durch die verschiedenen Rahmen interpretieren lassen, also: welche Bedeutung ihnen aus Sicht des jeweiligen Rahmens zukommt (▸ Tab. 7.2).

Hierbei handelt es sich um die thematischen Aspekte, die in unseren Forschungen immer wieder von Schulleitungen angesprochen werden und deren Lösung sich jeweils aus der unterschiedlichen Betrachtungsweise der Rahmen ergeben kann.

Hinweis für Fortbildung und Selbstreflexion
Die Aufzählung in Tabelle 7.2 ist lediglich auszugsweise und durchaus vielfältig erweiterbar. Es bietet sich beispielsweise an, bei Fortbildungsveranstaltungen in Kleingruppen-Brainstormings weitere Ideen zu suchen oder die Tabelle als Hilfestellung zur Selbstreflexion zu nutzen, in der selber eigene Ideen und Möglichkeiten ergänzt werden.

Tab. 7.2: Inklusive Schulentwicklung ›reframen‹. Verschiedene Elemente inklusiver Schulentwicklung durch verschiedene Rahmen betrachtet (ohne Anspruch auf Vollständigkeit; inspiriert durch: Bolman/Deal 2013, 308f.)

Aspekt und Möglichkeiten der Handhabung:	**Rahmen**			
	Strukturell	**Human-Resource**	**Politisch**	**Symbolisch**
	Perspektive fokussiert auf …			
Personalplanung/Teamzusammenstellung ◆ feste Teams? ◆ Doppelbesetzung? ◆ ›wandernde‹ Förderlehrkräfte?	◆ effizienten Einsatz der Personalressourcen; ◆ aufgabenbezogene Organisationsstrukturen; ◆ klare Rollen und Erwartungen;	◆ Mitbestimmung und Partizipation; ◆ Fähigkeiten, Präferenzen und Neigungen der Mitarbeitenden; ◆ Verbesserung von (Kooperations-) Beziehungen;	◆ Schwächung ›gegnerischer‹ Koalitionen; ◆ Stärkung ›eigener‹ Koalitionen; ◆ Bildung möglichst konfliktfreier Teams; ◆ Beratung/Unterstützung von Teams bei Konflikten; ◆ Möglichkeiten für subtile Belohnung und Sanktionierung;	◆ feste Teams als Ausdruck der Gleichberechtigung verschiedener Professionen; ◆ Symbolwirkung der Kontinuität in Betreuung und Förderung; ◆ professionelle Außenwirkung;

Tab. 7.2: Inklusive Schulentwicklung ›reframen‹. Verschiedene Elemente inklusiver Schulentwicklung durch verschiedene Rahmen betrachtet (ohne Anspruch auf Vollständigkeit; inspiriert durch: Bolman/Deal 2013, 308f.) – Fortsetzung

Aspekt und Möglichkeiten der Handhabung:	**Rahmen**			
	Strukturell	**Human-Resource**	**Politisch**	**Symbolisch**
	Perspektive fokussiert auf …			
Einrichtung von klar geregelten Informationssystemen ◆ systematische Mailverteiler? ◆ Schwarzes Brett? ◆ Postfächer? ◆ Intranet? ◆ Cloud?	◆ klare Erwartung an Aufgabenerfüllung; ◆ ökonomischen Informationsfluss; ◆ minimierten Aufwand zur Zielerreichung; ◆ Bereitstellung von Arbeitsmaterialien für verschiedene Lerngruppen;	◆ transparente Kommunikation; ◆ gesteigerte Arbeitszufriedenheit (entlastende Funktion, damit nicht jeder alle Informationen umständlich suchen muss); ◆ persönliche Weiterentwicklung durch Möglichkeiten zum kollegialen Austausch;	◆ Steuerung des Informationsflusses zur Sicherung der eigenen Machtbasis und Unterstützung der Agenda »Inklusive Schule«;	◆ einheitliche Sprachregelungen; ◆ ›Deutungshoheit‹ über interne Abläufe/Vorfälle; ◆ Inspiration und Anregung durch Möglichkeiten des Austausches;

Tab. 7.2: Inklusive Schulentwicklung ›reframen‹. Verschiedene Elemente inklusiver Schulentwicklung durch verschiedene Rahmen betrachtet (ohne Anspruch auf Vollständigkeit; inspiriert durch: Bolman/Deal 2013, 308f.) – Fortsetzung

Aspekt und Möglichkeiten der Handhabung:	**Rahmen**			
	Strukturell	**Human-Resource**	**Politisch**	**Symbolisch**
	Perspektive fokussiert auf …			
Einteilung von Lerngruppen ◆ Dekategorisierung? ◆ Vereinzelung von Schülerinnen und Schülern mit sonderpädagogischem Förderbedarf (SFB)? ◆ Bündelung von Schülerinnen und Schülern mit SFB?	◆ Sicherstellung wirksamer Förderung; ◆ klare, transparente Regelungen auf Schulebene; ◆ ökonomischen und nachhaltigen Umgang mit Personalressourcen;	◆ Abbau von Ängsten durch gelingende Praxiserfahrungen; ◆ Lernerfahrungen durch Hospitationen; ◆ Reduktion der Beanspruchung von Lehrkräften;	◆ Ausgleich zwischen Skeptikern und Befürwortern schulischer Inklusion; ◆ schrittweisen Abbau von Widerständen; ◆ Etablierung demokratischer Streitkultur;	◆ Inszenierung inklusiver Werthaltung durch Gleichbehandlung aller Kinder bei Einteilung der Lerngruppen; ◆ Abbau von Stigmatisierung durch Verzicht auf »Inklusionsklassen«;

Tab. 7.2: Inklusive Schulentwicklung ›reframen‹. Verschiedene Elemente inklusiver Schulentwicklung durch verschiedene Rahmen betrachtet (ohne Anspruch auf Vollständigkeit; inspiriert durch: Bolman/Deal 2013, 308f.) – Fortsetzung

Aspekt und Möglichkeiten der Handhabung:	**Rahmen**			
	Strukturell	**Human-Resource**	**Politisch**	**Symbolisch**
	Perspektive fokussiert auf …			
Implementation von Förderkonzepten und/oder -programmen ◆ Binnendifferenzierung? ◆ Außendifferenzierung? ◆ Kleingruppen- und Einzelförderung?	◆ Regelung von Abläufen; ◆ Sicherstellung einheitlicher Qualitätsstandards; ◆ effiziente Nutzung von Raum-, Personal- und Materialressourcen;	◆ interprofessionelle Zusammenarbeit; ◆ Fähigkeiten und Bedürfnisse von Mitarbeitenden	◆ Ausbau von Einfluss und Gefolgschaft, indem Konzepte/Programme von ›gefälligen‹ (oder für die eigene Position wichtigen) Mitarbeitenden gezielt gefördert und so Abhängigkeiten geschaffen werden; ◆ Entwicklungen, ohne dabei ›Skeptikern‹ zu viel abzuverlangen;	◆ Gemeinsamkeit in der Zielrichtung durch gemeinsame Programme; ◆ Inszenierung konzeptioneller Bausteine als Teil des Schulprofils; ◆ Präsentation effektiver Förderung als Teil der Schulkultur;

Tab. 7.2: Inklusive Schulentwicklung ›reframen‹. Verschiedene Elemente inklusiver Schulentwicklung durch verschiedene Rahmen betrachtet (ohne Anspruch auf Vollständigkeit; inspiriert durch: Bolman/Deal 2013, 308f.) – Fortsetzung

Aspekt und Möglichkeiten der Handhabung:	**Rahmen**			
	Strukturell	**Human-Resource**	**Politisch**	**Symbolisch**
	Perspektive fokussiert auf …			
Evaluation von Unterricht und Schulentwicklung ◆ Lernverlaufsdiagnostik? ◆ Screenings? ◆ Unterrichtsbesuche durch Schulleitung? ◆ kollegiale Hospitation von Teams? ◆ Fragebögen?	◆ Überprüfung von Qualitätsstandards; ◆ Kontrolle von Arbeitsleistung und -ergebnissen; ◆ outputorientierte Steuerung der Ressourcen;	◆ Unterstützung der Lehrkräfte; ◆ gezielte Personalentwicklung; ◆ kollegialen Austausch in Teams; ◆ gezeigtes Interesse an der Arbeit der Kolleginnen und Kollegen; ◆ Kontaktherstellung zwischen Kolleginnen/Kollegen und Leitung;	◆ Druck- und Sanktionsmitteln gegenüber Kolleginnen und Kollegen; ◆ Symbolisierung einer Machtbeziehung;	◆ gemeinsame Arbeit an einer gemeinsamen Vision von gutem Unterricht; ◆ Anlässe, Erfolge zu feiern; ◆ gemeinsame Ziele;

Tab. 7.2: Inklusive Schulentwicklung ›reframen‹. Verschiedene Elemente inklusiver Schulentwicklung durch verschiedene Rahmen betrachtet (ohne Anspruch auf Vollständigkeit; inspiriert durch: Bolman/Deal 2013, 308f.) – Fortsetzung

Aspekt und Möglichkeiten der Handhabung:	**Rahmen**			
	Strukturell	**Human-Resource**	**Politisch**	**Symbolisch**
	Perspektive fokussiert auf …			
Pädagogische Konferenzen/Dienstbesprechungen ◆ fester Zeitrahmen? ◆ Turnus für unterschiedliche Formate? ◆ Schulentwicklung? ◆ Fallbesprechungen? ◆ interne Fortbildungen? ◆ Studientage/inhaltlicher Input von außen?	◆ Zentrierung rationaler Entscheidungen;	◆ Stärkung des Zusammenhalts des Kollegiums; ◆ inhaltlichen Input/Lernerfahrungen; ◆ Mitbestimmung, Partizipation und Empowerment;	◆ Arena zum Austragen von Konflikten und Verhandlungen; ◆ Arena zum Ausbau der eigenen Machtbasis;	◆ Ort, an dem Rituale zelebriert und Erfolge gefeiert werden können; ◆ Entwicklung von Visionen und Inspiration; ◆ Bühne zur Inszenierung von Symbolen der Schulkultur;

Tab. 7.2: Inklusive Schulentwicklung ›reframen‹. Verschiedene Elemente inklusiver Schulentwicklung durch verschiedene Rahmen betrachtet (ohne Anspruch auf Vollständigkeit; inspiriert durch: Bolman/Deal 2013, 308f.) – Fortsetzung

Aspekt und Möglichkeiten der Handhabung:	**Rahmen**			
	Strukturell	**Human-Resource**	**Politisch**	**Symbolisch**
	Perspektive fokussiert auf …			
Öffentlichkeits- und Pressearbeit ◆ Pressemeldungen? ◆ Blog/Homepage/Social Media? ◆ Info-Veranstaltungen? ◆ Vortragsveranstaltungen? ◆ Podiumsdiskussionen? ◆ Beteiligung an kommunalen Veranstaltungen?	◆ Schaffung von Transparenz gegenüber ›Kunden‹; ◆ Rechenschaft über Arbeit als öffentliche Institution;	◆ öffentliche Würdigung der Arbeit von Kolleginnen und Kollegen; ◆ Zusammenhalt im Kollegium;	◆ Netzwerkbildung in der Kommune; ◆ verbessertes Fundraising; ◆ Anwaltschaft für Interessen der Schule, Schülerinnen und Schüler, Lehrerinnen und Lehrer;	◆ Außendarstellung der Schulkultur und der Vision von Inklusion; ◆ Einbezug der Öffentlichkeit und Kommune als wesentlicher Bestandteil von Inklusion;

7.3 Auch Lehrerinnen und Lehrer ›reframen‹

Dieser Punkt bedarf einer weiteren gezielten Aufmerksamkeit durch Schulleitung und erhält trotz seiner Kürze eine eigene Überschrift: Jede Lehrkraft wird das, was in der Schule passiert und das, was Schulleitung macht, auf Basis ihrer eigenen Orientierung jeweils durch einen der Rahmen sehen und interpretieren.

Probleme sind vorprogrammiert, wenn beispielsweise die Schulleitung Unterrichtsevaluation durch den Human-Resource-Rahmen interpretiert und aus dieser Intention heraus einsetzt, aufgrund bisheriger Beziehung oder Erfahrungen das Kollegium diese aber durch den Strukturellen und/oder den Politischen Rahmen interpretiert.

Die Schulleitung muss also immer antizipieren, durch welche Rahmen ihre Kolleginnen und Kollegen gerade schauen und das sowohl berücksichtigen, als auch zu beeinflussen versuchen!

Reframing impliziert damit eine Doppelung und Wechselwirkung von und zwischen Personen, die den jeweiligen Rahmen und seine Perspektive in Handlung überführen. Aufgabe von Schulleitung ist es hier, sich dieser Doppelung bewusst zu sein und bereits antizipierend vorwegzunehmen, wer unter welchem Rahmen wie agiert und wie Schulleitung selbst wiederum auf der Basis welchen Rahmens antwortet.

> Leider gibt es kein Patentrezept und keine Bedienungsanleitung für die genaue Umsetzung des »Reframing« vor Ort. Das Wichtigste, was man Schulleitung hier anraten kann, ist, sich einer Supervisions- oder Fallberatungsgruppe anzuschließen (oder eine solche zu initiieren), in der Perspektivenwechsel und somit Reframing gemeinsam geübt werden kann.

7.4 Jeder Rahmen hat ›helle‹ und ›dunkle‹ Seiten

Häufig wird suggeriert, dass der Politische Rahmen die ›dunkle Seite der Macht‹ verkörpern würde. Und in der Tat: Häufig führen politische Spiele und Taktierereien zu Unzufriedenheit und Missstimmung. Dies liegt zumeist aber an der Art der Anwendung dessen, was der Politische Rahmen aussagt. Denn eingesetzt, um Konflikte (die jeder Organisation immanent sind) und widersprüchliche Interessenslagen zu identifizieren und auszugleichen, ist dieser Rahmen eine absolute Notwendigkeit bei der Führung der Institution Schule (und anderer Organisationen). Gleiches gilt aber auch für die anderen Rahmen, wie Tabelle 7.3 darstellt: Jeder Rahmen hält Möglichkeiten wirksamer Führung bereit, aber jeder Rahmen kann auch in eine Richtung ›kippen‹, die der Führung und der Organisation schadet (▸ Tab. 7.3).

Tab. 7.3: Effektive und ineffektive Führung in den vier Rahmen (modifiziert nach Bolman/Deal 2013, 355; eigene Übersetzung)

Rahmen	Effektive Führung		Ineffektive Führung	
	Führungskraft	Prozess der Führung	Führungskraft	Prozess der Führung
Strukturell	Analyst, Architekt	Analyse, Design/Gestaltung	übertriebener Bürokrat oder Tyrann	Management durch Zuweisung und Befehle
Human-Resource	Katalysator, Diener	Unterstützung, Ermächtigung	Weichling, Schwächling	Machtverzicht
Politisch	Anwalt, Verhandlungsführer	Anwaltschaft, Koalitionsbildung	Hochstapler, Rowdy	Manipulation, Arglist
Symbolisch	Prophet, Dichter	Inspiration, Sinnstiftung	Fanatiker, Scharlatan	Illusion, reines Blendwerk

7.5 Fazit: Schritt für Schritt in Richtung Inklusion

Möglicherweise mag es die oder den eine/n oder andere/n zunächst verwundern, dass ein Praxisbuch, eine Praxishilfe, scheinbar mehr Fragen aufwirft als beantwortet. Doch genau darin zeigt sich ein Grunddilemma bei der Suche nach Unterstützung inklusiver Schulentwicklung: Jede Schule ist anders, jedes Bundesland hat andere Vorgaben und jede Schulleiterin und jeder Schulleiter sind als Führungskraft individuell orientiert. Daraus ergibt sich, dass Antworten auf die Frage »Was sollen wir tun?« nicht nach Schema F einheitlich gegeben werden können. Insofern kann einem Praxisbuch aus unserer Sicht im Wesentlichen die Rolle zukommen eine Hilfe bei der Reflexion des eigenen Denkens und Handelns zu geben sowie Impulse und einzelne Anregungen zu bieten.

Mit unserem Buch wollten wir beides vereinen: Einerseits soll das Modell von Bolman und Deal eine Hilfe sein, über das eigene Schulleitungshandeln (und über die eigenen Sichtweisen und die Sichtweisen der Kolleginnen und Kollegen) zu reflektieren. Andererseits sollen die verschiedenen Elemente inklusiver Schulentwicklung, die in den einzelnen Kapiteln angesprochen wurden (z. B. Organigramme, RTI, Kooperationsbeziehungen, Agenda-Setting, Index für Inklusion etc.), konkrete Ideen geben, an denen in der Schulentwicklung weiter angeknüpft werden kann. Wir hoffen, dass dies gelungen ist und wünschen Ihnen ein erfolgreiches Arbeiten an Ihrer Schule: Probieren Sie aus, wechseln Sie gelegentlich die Perspektive und gehen Sie in kleinen Schritten mit Ihrer Schule voran. Im Index für Inklusion heißt es: »Fangen Sie an. An einer beliebigen Stelle anzufangen […] ist besser, als nicht anzufangen« (Booth/Ainscow 2016, 12).

Dieser Motivation ist aus unserer Sicht nichts mehr hinzuzufügen.

Literaturverzeichnis

Ahrbeck, B./Ellinger, S./Hechler, O./Koch, K./Schad, G. (Hrsg.) (2016): Evidenzbasierte Pädagogik: Sonderpädagogische Einwände. Stuttgart: Kohlhammer.

Altrichter, H./Maag Merki, K. (2016): Steuerung der Entwicklung des Schulwesens. In: Altrichter, H./Maag Merki, K. (Hrsg.): Handbuch Neue Steuerung im Schulsystem. Wiesbaden: Springer Fachmedien, 1–27.

Argyris, C. (1973): Personality and Organization Theory Revisited. In: Administrative Science Quarterly, 18 (2), 141–167.

Arndt, A.-K./Werning, R. (2013): Unterrichtsbezogene Kooperation von Regelschullehrkräften und Lehrkräften für Sonderpädagogik: Ergebnisse eines qualitativen Forschungsprojektes. In: Werning, R./Arndt, A.-K. (Hrsg.): Inklusion: Kooperation und Unterricht entwickeln. Bad Heilbrunn: Klinkhardt, 12–40.

Bass, B. M./Avolio, B. J. (1995): MLQ Multifactor Leadership Questionnaire: Technical Report. Redwood City, CA: Mind Garden.

Boban, I./Hinz, A. (2003): Index für Inklusion: Lernen und Teilhabe in der Schule der Vielfalt entwickeln. Halle-Wittenberg.

Boban, I./Hinz, A. (2007): Förderpläne – für integrative Erziehung überflüssig!? Aber was dann?? In: Mutzeck, W. (Hrsg.): Förderplanung: Grundlagen, Methoden, Alternativen. Weinheim & Basel: Beltz, 131–144.

Boban, I./Kruschel, R. (2012): Die Weisheit der vielen Weisen – Zukunftsfeste und andere Weisen miteinander diagnostisch klug zu handeln: Inklusion als Prinzip sozialer Ästhetik. In: Zeitschrift für Inklusion, (3). http://www.inklusion-online.net/index.php/inklusion-online/article/view/46/46, 23.2.2017.

Bolman, L. G./Deal, T. E. (1988): Leadership Orientation: Frames Self-Rating Scale. http://www.leebolman.com/Leadership Orientations.pdf, 21.10.2016.

Bolman, L. G./Deal, T. E. (1994): Looking for Leadership: Another Search Party's Report. In: Educational Administration Quarterly, 30 (1), 77–96.

Bolman, L. G./Deal, T. E. (1997): Refraiming Organizations: Artistry, Choice, and Leadership. 2. Auflage. San Francisco: Jossey-Bass Publishers.

Bolman, L. G./Deal, T. E. (2013): Reframing Organizations: Artistry, Choice, & Leadership. 5. Auflage. San Francisco: Jossey-Bass.

Bonsen, M. (2003): Schule, Führung, Organisation: Eine empirische Studie zum Organisations- und Führungsverständnis von Schulleiterinnen und Schulleitern. Münster [u. a.]: Waxmann.

Bonsen, M. (2010a): Die Bedeutung der Schulleitung für die Schulentwicklung. In: Bohl, T./Helsper, W./Holtappels, H. G./Schelle, C. (Hrsg.): Handbuch Schulentwicklung. Stuttgart: UTB, 199–203.

Bonsen, M. (2010b): Einführung: Schule leiten. In: Bohl, T./Helsper, W./Holtappels, H. G./Schelle, C. (Hrsg.): Handbuch Schulentwicklung. Stuttgart: UTB, 189–196.

Bonsen, M. (2016): Wirksame Schulleitung. In: Buchen, H./Rolff, H.-G. (Hrsg.): Professionswissen Schulleitung. Weinheim & Basel: Beltz, 193–228.

Bonsen, M./Gathen, J. von der/Iglhaut, C./Pfeiffer, H. (2002): Die Wirksamkeit von Schulleitung: Empirische Annäherungen an ein Gesamtmodell schulischen Leitungshandelns. Weinheim: Juventa.

Booth, T./Ainscow, M. (2002): Index for Inclusion: Developing Learning and Participation in Schools. London: Centre for Studies on Inclusive Education (CSIE).

Booth, T./Ainscow, M. (2016): Index für Inklusion: Ein Leitfaden für Schulentwicklung (Achermann, B./Amirpur, D./Braunsteiner, M.-L./Demo, H./Plate, E./Platte, A., Hrsg.). Weinheim & Basel: Beltz.

Bründel, H./Simon, E. (2013): Die Trainingsraum-Methode. Weinheim & Basel: Beltz.

Buchen, H. (2016): Schule managen – statt nur verwalten. In: Buchen, H./Rolff, H.-G. (Hrsg.): Professionswissen Schulleitung. 4. Auflage. Weinheim & Basel: Beltz, 12–101.

Buchen, H./Rolff, H.-G. (Hrsg.) (2016): Professionswissen Schulleitung. Weinheim [u. a.]: Beltz.

Buhren, C. G./Neumann, S. (2016): Führungsaufgaben der Schulleitung: Bausteine für die Personal- und Unterrichtsentwicklung. Weinheim & Basel: Beltz.

Bundschuh, K./Heimlich, U./Krawitz, R. (2007): Integration/Inklusion. In: Bundschuh, K./Heimlich, U./Krawitz, R. (Hrsg.): Wörterbuch Heilpädagogik. Bad Heilbrunn: Klinkhardt UTB, 136–139.

Bush, T. (2008): From Management to Leadership: Semantic or Meaningful Change? In: Educational Management Administration & Leadership, 36 (2), 271–288.

Cuban, L. (1988): The Managerial Imperative and the Practice of Leadership in Schools. Albany: State University of New York Press.

Day, C./Harris, A./Hadfield, M./Tolley, H./Beresford, J. (2000): Leading Schools in Times of Change. Milton Keynes: Open University Press.

Dubs, R. (2005): Die Führung einer Schule: Leadership und Management. Stuttgart: Franz Steiner.

Dubs, R. (2016): Führung. In: Buchen, H./Rolff, H.-G. (Hrsg.): Professionswissen Schulleitung. Weinheim & Basel: Beltz, 102–176.

Ellger-Rüttgardt, S. (2007): Geschichte der Sonderpädagogik. München: Reinhardt UTB.

Felfe, J. (2006): Validierung einer deutschen Version des »Multifactor Leadership Questionnaire« (MLQ Form 5 x Short) von Bass und Avolio (1995). In: Zeitschrift für Arbeits- u. Organisationspsychologie, 50 (2), 61–78.

Fend, H. (2008): Neue Theorie der Schule: Einführung in das Verstehen von Bildungssystemen. 2. Auflage. Wiesbaden: VS Verlag für Sozialwissenschaften.

Fisher, R./Ury, W. (1981): Getting To Yes. Boston: Houghton Mifflin.

Gieske, M. (2013): Mikropolitik und schulische Führung: Einflussstrategien von Schulleitern bei der Gestaltung organisationalen Wandels. Bad Heilbrunn: Klinkhardt.

Gronn, P. (2002): Distributed Leadership. In: Leithwood, K./Hallinger, P./Furman, G. C./Riley, K./MacBeath, J./Gronn, P./Mulford, B. (Hrsg.): Second International Handbook of Educational Leadership and Administration. Dordrecht: Springer, 653–696.

Guthöhrlein, K./Laubenstein, D./Lindmeier, C./Scheer, D./Sponholz, D. (2016): Das Lernbüro: Ein exemplarisches Beispiel inklusiven Unterrichts. In: Behinderte Menschen, 39 (4/5), 53–60.

Hallinger, P./Murphy, J. F. (1987): Assesing and Developing Principal Instructional Leadership. In: Educational Leadership, 54–61. http://www.ascd.org/ASCD/pdf/journals/ed_lead/el_198709_hallinger.pdf, 21.3.2017.

Harazd, B./van Ophuysen, S. (2011): Transformationale Führung in Schulen. Der Einsatz des »Multifactor Leadership Questionnaire« (MLQ 5 x Short). In: Journal for Educational Research Online, 3 (1), 141–167.

Harris, A. (2004): Distributed Leadership and School Improvement: Leading or Misleading? In: Educational Management Administration & Leadership, 32 (1), 11–24.

Harris, A./Chapman, C. (2002): Effective Leadership in Schools Facing Challenging Circumstances: Final Report. Nottingham: NCSL.

Heimlich, U./Kahlert, J./Lelgemann, R./Fischer, E. (Hrsg.) (2016): Inklusives Schulsystem: Analysen, Befunde, Empfehlungen zum bayerischen Weg. Bad Heilbrunn: Klinkhardt.

Herz, B./Zimmermann, D. (2014): Beziehung statt Erziehung? Psychoanalytische Perspektiven auf pädagogische Herausforderungen in der Praxis mit emotional-sozial belasteten Heranwachsenden. In: Stein, R./Müller, T. (Hrsg.): Inklusion im Förderschwerpunkt emotionale und soziale Entwicklung. Stuttgart: Kohlhammer, 144–169.

Hillenbrand, C. (2014): Evidenzbasierte Praxis im Förderschwerpunkt emotional-soziale Entwicklung. In: Stein, R./Müller, T. (Hrsg.): Inklusion im Förderschwerpunkt emotionale und soziale Entwicklung. Stuttgart: Kohlhammer, 170–215.

Hillenbrand, C. (2015): Evidenzbasierung sonderpädagogischer Praxis: Widerspruch oder Gelingensbedingung? In: Zeitschrift für Heilpädagogik, 66 (7), 312–324.

Hillenbrand, C./Hennemann, T./Hens, S./Hövel, D. (2015): »Lubo aus dem All!« – 1. und 2. Klasse: Programm zur Förderung sozial-emotionaler Kompetenzen. München: Reinhardt.

Hillenbrand, C./Melzer, C./Hagen, T. (2013): Bildung schulischer Fachkräfte für inklusive Bildungssysteme. In: Döbert, H./Weishaupt, H. (Hrsg.): Inklusive Bildung professionell gestalten. Münster: Waxmann, 33–68.

Hillenbrand, C./Pütz, K. (2008): KlasseKinderSpiel: Spielerisch Verhaltensregeln lernen. Hamburg: edition Körber Stiftung.

Hintz, A.-M./Krull, J./Paal, M./Schirmer, R./Boon, R. T./Burke, M. D. (2014): »Du wurdest bei einer guten Tat beobachtet!« – Förderung positiven Verhaltens durch Tootling. In: Zeitschrift für Heilpädagogik, 65 (12), 440–453.

Hinz, A. (2013): Inklusion – von der Unkenntnis zur Unkenntlichkeit!? – Kritische Anmerkungen zu einem Jahrzehnt Diskurs über schulische Inklusion in Deutschland. In: Zeitschrift für Inklusion, (1). http://www.inklusion-online.net/index.php/inklusion-online/article/view/26, 21.3.2017.

Hollenweger, J./Luder, R. (2010): Schulische Standortgespräche: Ein Verfahren zur Förderplanung und Zuweisung von sonderpädagogischen Maßnahmen. In: Sonderpädagogische Förderung heute, 50 (3), 271–283.

Hoppey, D./McLeskey, J. (2013): A Case Study of Principal Leadership in an Effective Inclusive School. In: The Journal of Special Education, 46 (4), 245–256.

Hord, S. M. (1997): Professional Learning Communities: Communities of Continuous Inquiry and Improvement. Austin, TX: Southwest Educational Development Laboratory.

Hord, S. M. (Hrsg.) (2004): Learning Together, Leading Together: Changing Schools through Professional Learning Communities. New York & London: Teachers College Press.

Houser, M./Dickens, V./Hicks, T. (2011): Correlates of Attitudes Toward Academic and Physical Inclusive Practices for Students with Disabilities and Selected Leadership Behaviors Among Middle School Principals in North Carolina. http://digitalcommons.uncfsu.edu/cgi/viewcontent.cgi?article=1020&context=soe_faculty_wp, 23.2.2017.

Huber, C./Grosche, M. (2012): Das response-to-intervention-Modell als Grundlage für einen inklusiven Paradigmenwechsel in der Sonderpädagogik. In: Zeitschrift für Heilpädagogik, 63 (8), 312–322.

Huber, S. G. (2012a): Wann lernen Schülerinnen und Schüler am besten? In: Bartz, A./Huber, S. G./Klieme, T./Kloft, C./Schreiner, M. (Hrsg.): Praxis-Wissen SchulLeitung (30.12). München: Wolters Kluwer.

Huber, S. G. (2012b): Zwölf Thesen zur guten Schulleitung. In: SchulTrends, (1), 8–11.

Kavale, K. A./Mostert, M. P. (2003): River of Ideology, Islands of Evidence. In: Exceptionality, 11 (4), 191–208.

Kempfert, G. (2016): Gemeinsamkeiten und Unterschiede von Leitung in Schule und Wissenschaft. In: Rolff, H.-G./Teichert, J. (Hrsg.): Schulleitung in der Wissensgesellschaft: Eine Publikation zum 10-jährigen Bestehen der Deutschen Akademie für Pädagogische Führungskräfte. Weinheim & Basel: Beltz Juventa, 74–92.

Koch, K./Ellinger, S. (2016): Qualitätsmerkmale hochrangiger Publikationen in der Sonderpädagogik: Zur Effektivität des Evidenzparadogmas – Eine Satire. In: Sonderpädagogische Förderung heute, 61 (3), 312–320.

Krull, J./Hintz, A.-M. (2015): Förderung emotional-sozialer Kompetenzen durch Tootling. In: Potsdamer Zentrum für empirische Inklusionsforschung (ZEIF), (7). http://www.uni-potsdam.de/fileadmin01/projects/inklusion/PDFs/ZEIF-Blog/Krull_Hintz_2015_Förderung_emotional-sozialer_Kompetenzen.pdf, 21.3.2017.

Kruse, S./Louis, K. S./Bryk, A. (1995): An Emerging Framework for Analyzing School-Based Professional Community. In: Louis, K. S./Kruse, S./Associates (Hrsg.): Professionalism and Community: Perspectives on Reforming Urban Schools. Thousands Oak, CA: Corwin Press.

Laubenstein, D./Lindmeier, C./Guthöhrlein, K./Scheer, D. (2015): Auf dem Weg zur schulischen Inklusion: Empirische Befunde zum gemeinsamen Unterricht in rheinland-pfälzischen Schwerpunktschulen. Bad Heilbrunn: Klinkhardt.

Lauth, G. W./Schlottke, P. F. (2009): Training mit aufmerksamkeitsgestörten Kindern. Weinheim & Basel: Beltz.

Leithwood, K./Harris, A./Hopkins, D. (2008): Seven Strong Claims about Successful School Leadership. In: School Leadership & Management, 28 (1), 27–42.

Leithwood, K./Seashore Louis, K./Andersen, S./Wahlstrom, K. (2004): How Leadership Influences Student Learning. Minnesota: Center for Applied Research and Educational Improvement.

Lienhard-Tuggener, P. (2014): Förderplanung auf der Basis der ICF – so kann sie gelingen. In: Zeitschrift für Heilpädagogik, 65 (4), 128–136.

Lindemann, H. (2010): Unternehmen Schule: Organisation und Führung in Schule und Unterricht. Göttingen: Vandenhoeck & Ruprecht.

Lütje-Klose, B./Urban, M. (2014a): Professionelle Kooperation als wesentliche Bedingung inklusiver Schul- und Unterrichtsentwicklung. Teil 1: Grundlagen und Modelle inklusiver Kooperation. In: Vierteljahresschrift für Heilpädagogik und ihre Nachbargebiete, 83 (2), 111–122.

Lütje-Klose, B./Urban, M. (2014b): Professionelle Kooperation als wesentliche Bedingung inklusiver Schul- und Unterrichtsentwicklung. Teil 2: Forschungsergebnisse zu intra- und interprofessioneller Kooperation. In: Vierteljahresschrift für Heilpädagogik und ihre Nachbargebiete, 83 (4), 283–294.

Lütje-Klose, B./Willenbring, M. (1999): Kooperation fällt nicht vom Himmel – Möglichkeiten der Unterstützung kooperativer Prozesse in Teams von Regelschullehrerin und Sonderpädagogin aus systemischer Sicht. In: Behindertenpädagogik, 38 (1), 2–31.

Marvin, C. A. (1990): Problems in School-Based-Language Consultation and Collaboration Services: Defining the Terms and Improving the Process. In: Secord, W. A. (Hrsg.): Best Practices in School Speech-Language Pathology. San Antonio, TX: Psychological Corp., 37–47.

Maslow, A. (1970): Motivation and Personality. 2. Auflage. New York: Harper & Row.

McGregor, D. (1960): The Human Side of Enterprise. New York: McGraw-Hill.

Melzer, C. (2015): Fördern und unterstützen – Förderplanung. Fortbildungstag Schulische Inklusion. https://www.uni-oldenburg.de/fileadmin/user_upload/diz/download/Veranstaltungen/Tagungen/2015-02-09Forderplanung-Melzer.pdf, 24.1.2017.

Methner, A./Melzer, C./Popp, K. (2013): Kooperative Beratung. Stuttgart: Kohlhammer.

Ministerium für Bildung Wissenschaft Jugend und Kultur (MBWJK) (2007): Sonderpädagogische Förderung an Schwerpunktschulen und an Förderschulen in der Primarstufe und der Sekundarstufe I: Informationsbroschüre. http://sonderpaedagogik.bildung-rp.de/fileadmin/user_upload/son¬derpaedagogik.bildung-rp.de/SOPAED_BEREICHE/Integration/Texte/Bro¬schuere_Sonderpaedagogische_Foerderung_2007.pdf, 28.11.2016.

Ministerium für Bildung Wissenschaft Jugend und Kultur (MBWJK) (2009): Orientierungsrahmen Schulqualität für Rheinland-Pfalz. https://bm.rlp.de¬/fileadmin/mbwwk/Publikationen/Bildung/Orientierungsrahmen_Schulq¬ualitaet_2009.pdf, 28.11.2016.

Möckel, A. (2007): Geschichte der Heilpädagogik. Stuttgart: Klett-Cotta.

Müller, T./Stein, R. (2014): Erziehung im Förderschwerpunkt emotionale und soziale Entwicklung. In: Stein, R./Müller, T. (Hrsg.): Inklusion im Förderschwerpunkt emotionale und soziale Entwicklung. Stuttgart: Kohlhammer, 216–229.

Musenberg, O./Riegert, J. (2016): Didaktik und Differenz. Bad Heilbrunn: Klinkhardt.

Mutzeck, W. (2008): Kooperative Beratung: Grundlagen, Methoden, Training, Effektivität. Weinheim & Basel: Beltz.

Mutzeck, W./Melzer, C. (2007): Kooperative Förderplanung – Erstellung und Fortschreibung individueller Förderpläne (KEFF). In: Mutzeck, W. (Hrsg.): Förderplanung: Grundlagen, Methoden, Alternativen. Weinheim & Basel: Beltz, 199–239.

Myschker, N./Stein, R. (2014): Verhaltensstörungen bei Kindern und Jugendlichen: Erscheinungsformen, Ursachen, Hilfreiche Maßnahmen. 7. Auflage. Stuttgart: Kohlhammer.

Neuberger, O. (2002): Führen und Führen lassen: Ansätze, Ergebnisse und Kritik der Führungsforschung. 6. Auflage. Stuttgart: Lucius & Lucius.

Newman, F. M. (1994): School-wide Professional Community. In: Issues in Restructuring Schools, (6), 1–3.

Nolting, H.-P. (2012): Störungen in der Schulklasse: Ein Leitfaden zur Vorbeugung und Konfliktlösung. Weinheim & Basel: Beltz.

Petermann, F./Petermann, U. (2012): Training mit aggressiven Kindern. Weinheim & Basel: Beltz.

Pichault, F. (1993): Ressources humaines et changement stratégique: Vers un management politique. Brüssel: DeBoeck.

Pont, B./Nusche, D./Moormann, H. (2008): Improving School Leadership. Bd. 1: Policy and Practice. Paris: OECD.

Popp, K./Melzer, C./Methner, A. (2013): Förderpläne entwickeln und umsetzen: 2. Auflage. München: Reinhardt.

Praisner, C. L. (2003): Attitudes of Elementary School Principals toward the Inclusion of Students with Disabilities. In: Exceptional Children, 69 (2), 135–145.

Reiser, H./Klein, G./Kreie, G./Kron, M. (1986a): Integration als Prozess. Teil 1. In: Sonderpädagogik, 16, 115–122.

Reiser, H./Klein, G./Kreie, G./Kron, M. (1986b): Integration als Prozess. Teil 2. In: Sonderpädagogik, 16, 154–160.

Roddy, T. P. (2010): Frame Analysis of the Self-Perceived Leadership Orientations of Headmasters of the Independent Schools Association of the Southwest, Southern Association of Independent Schools, and the Association of Independent Schools of Greater Washington Member Schools. University of New Orleans, New Orleans. http://scholarworks.uno.edu/cgi/viewcontent.cgi?article=2200&context=td, 21.3.2017.

Rolff, H.-G. (2016): Schulentwicklung kompakt: Modelle, Instrumente, Perspektiven. 3. Auflage. Weinheim & Basel: Beltz.

Scheer, D. (in Vorb.): Subjektives Berufsverständnis von Schulleitung und die Rekontextualisierung schulischer Inklusion: Empirische Untersuchung zum Schulleitungshandeln im Kontext der Gestaltung schulischer Inklusion an rheinland-pfälzischen Schwerpunktschulen. Universität Paderborn.

Scheer, D./Laubenstein, D./Lindmeier, C. (2014): Die Rolle von Schulleitung in der Entwicklung des inklusiven Unterrichts in Rheinland-Pfalz – Vorstellung eines Forschungsdesigns im Rahmen der Schulbegleitforschung. In: Zeitschrift für Heilpädagogik, 65 (4), 147–155.

Scheer, D./Laubenstein, D./Lindmeier, C./Guthöhrlein, K./Sponholz, D. (2016): Ein Bundesland auf dem Weg zu schulischer Inklusion? In: Gemeinsam Leben, 24 (4), 241–250.

Scheer, D./Lindmeier, C./Laubenstein, D. (2017): Führung als Reframing: Das Modell von Bolman und Deal als Ansatz für schulische Führung im Kontext von Inklusion. In: Sonderpädagogische Förderung heute, 62 (2).

Schley, W. (1998): Teamkooperation und Teamentwicklung in der Schule. In: Altrichter, H./Schley, W./Schratz, M. (Hrsg.): Handbuch zur Schulentwicklung. Bd. 1. Innsbruck: Studien-Verlag, 111–159.

Schwager, M. (2011): Gemeinsames Unterrichten im Gemeinsamen Unterricht. In: Zeitschrift für Heilpädagogik, 62 (3), 92–98.

Silins, H. C. (1994): The Relationship Between Transformational and Transactional Leadership and School Improvement Outcomes. In: School Effectiveness and School Improvement, 5 (3), 272–298.

Spillane, J. P./Halverson, R./Diamond, J. B. (2001): Investigating School Leadership Practice: A Distributed Perspective. In: Educational Researcher, 30 (3), 23–28.

Sturm, T./Köpfer, A./Huber, S. G. (2015): Schulleitungen als Gestaltende einer inklusionsfähigen Schule – Begriffsklärung und Stand der Forschung.

In: Huber, S. G. (Hrsg.): Jahrbuch Schulleitung 2015. Kronach: Carl Link, 193–210.

Taylor, F. W. (1911): The Principles of Scientific Management. New York: Harper.

Urton, K./Wilbert, J./Hennemann, T. (2014a): Attitudes Towards Inclusion and Self-Efficacy of Principals and Teachers. In: Learning Disabilities: A Contemporary Journal, 12 (2), 151–168.

Urton, K./Wilbert, J./Hennemann, T. (2014b): Der Zusammenhang zwischen der Einstellung zur Integration und der Selbstwirksamkeit von Schulleitungen und deren Kollegien. In: Empirische Sonderpädagogik, (1), 3–16.

Voß, S./Blumenthal, Y./Mahlau, K./Marten, K./Diehl, K./Sikora, S./Hartke, B. (2016): Der Response-to-Intervention-Ansatz in der Praxis: Evaluationsergebnisse zum Rügener Inklusionsmodell. Münster & New York: Waxmann.

Waldron, N. L./McLeskey, J./Redd, L. (2011): Setting the Direction: The Role of the Principal in Developing an Effective, Inclusive School. In: Journal of Special Education Leadership, 24, 51–60.

Warwas, J. (2012): Berufliches Selbstverständnis, Beanspruchung und Bewältigung in der Schulleitung. Wiesbaden: VS Verlag für Sozialwissenschaften.

Weber, M. (1947): The Theory of Social and Economic Organizations (T. Parsons, trans.). New York: Free Press.

Wember, F. B. (2013): Herausforderung Inklusion: Ein präventiv orientiertes Modell schulischen Lernens und vier zentrale Bedingungen inklusiver Unterrichtsentwicklung. In: Zeitschrift für Heilpädagogik, 64 (10), 380–392.

Wember, F. B. (2015): Unterricht professionell: Orientierungspunkte für einen inklusiven Unterricht mit heterogenen Lerngruppen. In: Zeitschrift für Heilpädagogik, 66 (10), 456–473.

Wissinger, J. (2010): Leitungs- und Führungstheorien. In: Bohl, T./Helsper, W./Holtappels, H. G./Schelle, C. (Hrsg.): Handbuch Schulentwicklung. Stuttgart: UTB, 203–209.

Wissinger, J. (2011): Schulleitung und Schulleitungshandeln. In: Terhart, E./Bennewitz, H./Rothland, M. (Hrsg.): Handbuch der Forschung zum Lehrerberuf. Münster: Waxmann, 96–115.